云南省哲学社会科学创新团队成果文库

创新团队
管理效率评价研究

A Study of Innovation Team
Management Efficiency Evaluation

段万春　孙新乐　著

社会科学文献出版社
SOCIAL SCIENCES ACADEMIC PRESS(CHINA)

本书是云南省哲学社会科学创新团队建设项目（2014cx05）的主要支持成果，部分内容依托国家自然科学基金项目
"基于界面管的创新团队和谐管理机制构建研究"（71263031）
开展相关研究，在此表示特别感谢!

《云南省哲学社会科学创新团队成果文库》
编辑说明

《云南省哲学社会科学创新团队成果文库》是云南省哲学社会科学创新团队建设中的一个重要项目。编辑出版《云南省哲学社会科学创新团队成果文库》是落实中央、省委关于加强中国特色新型智库建设意见，充分发挥哲学社会科学优秀成果的示范引领作用，为推进哲学社会科学学科体系、学术观点和科研方法创新，为繁荣发展哲学社会科学服务。

云南省哲学社会科学创新团队 2011 年开始立项建设，在整合研究力量和出人才、出成果方面成效显著，产生了一批有学术分量的基础理论研究和应用研究成果，2016 年云南省社会科学界联合会决定组织编辑出版《云南省哲学社会科学创新团队成果文库》。

《云南省哲学社会科学创新团队成果文库》从 2016 年开始编辑出版，拟用 5 年时间集中推出 100 本云南省哲学社会科学创新团队研究成果。云南省社科联高度重视此项工作，专门成立了评审委员会，遵循科学、公平、公正、公开的原则，对申报的项目进行了资格审查、初评、终评的遴选工作，按照"坚持正确导向，充分体现马克思主义的立场、观点、方法；具有原创性、开拓性、前沿性，对推动经济社会发展和学科建设意义重大；符合学术规范，学风严谨、文风朴实"的标准，遴选出一批创新团队的优秀成果，根据"统一标识、统一封面、统一版式、统一标准"的总体要求，组织出版，以达到整理、总结、展示、交流，推动学术研究，促进云南社会科学学术建设与繁荣发展的目的。

编委会
2017 年 6 月

序

　　创新团队正在成为有效凝结不同合作主体、发挥群体智慧的重要载体，通过整合不同成员的多元知识技能和资源要素，共同组成科研团队协同攻关社会发展难题，被公认为当前多主体开展产学研协同创新的最有效形式，而与创新团队管理效率相关的一系列问题正得到广泛关注。这种情况下，专注于提升创新团队合作质效，产出高水平科研成果，提高科研成果的价值、实际贡献率和现实转化率，使科研成果由传统的理论导向转变为现实需求导向，克服创新团队成员合作过程中出现的多种弊端，提升创新团队管理水平以及管理效率具有重要的实践指导意义及理论研究价值。鉴于以上分析，为全面解构和有效刻画创新团队管理效率的主要内容，系统、全面和创新性地评价创新团队的微观管理效率，本书主要开展了以下四方面的研究。

　　首先，结合层式创新团队的特征和结构效率的解析维度，提出层式创新团队的结构效率内涵，构建 DEMATEL 方法与 DEA/AR 方法相结合的综合评价模型，具有一定的研究视角创新性和方法组合应用创新性。为有效刻画层式创新团队管理效率评价的结构化投入产出参数，引入团队能力视角的能力本体与功能对应分析策略，形成了针对其"角色倾向、技能匹配、任务协作"三方面特征的效率评价要素解析维度。在此基础上，通过挖掘效率形成、交互与转化过程中衍生的角色、技能与任务维度投入产出要素需求差异，提炼给出角色结构效率、技能结构效率和任务结构效率三种结构效率评价概念，并创新性融合 DEMATEL 方法与 DEA/AR 方法构建了能够整合要素复杂作用关联、反映偏好约束的结构效率综合评价模型。案例应用结果表明，以上所提出的理论及方法有效、可行，对结构化归纳层式创新组织的管理效率内涵、梳理投入产出要素关联、增强评价结论参考价值，具有一定的实践指导意义。

其次，结合工作组型创新团队的特征和关系效率的解析维度，提出工作组型创新团队的关系效率内涵，构建 ANP 方法与 DEA 方法相结合的综合评价模型，具有一定的研究视角创新性和方法组合应用创新性。为有效刻画工作组类型创新团队管理效率评价的多性状微观投入产出参数，引入组织公民行为的泛化关联行为效应分析策略，形成了针对其灵活性强、机动性高和整体意识清晰三方面特征的效率评价要素解析维度。在此基础上，通过挖掘任务属性、合作周期与创新不确定性对任务、角色及其交互的复杂影响，提炼给出交叉效率、汇聚效率和平行效率三种关系效率评价概念，并创新性地融合 ANP 方法与 DEA 方法构建了能够探析关系效率形成、提取与测度的系统评价方法。案例应用结果表明，以上所提出的理论及方法有效、可行，对深化认知创新型组织管理效率评价内涵、针对性梳理投入产出要素和关联、增强结论参考价值，具有一定的实践指导意义。

再次，结合网络型创新团队的特征和融合效率的解析维度，提出网络型创新团队的融合效率内涵，构建多属性群决策方法与 DEA 方法相结合的综合评价模型，具有一定的研究视角创新性和方法组合应用创新性。为有效解析网络型创新团队融合效率的动态特征，引入能够解析融合效率动态不确定性的资源观视角，整合资源融合过程中信息不对称产生的信任问题、团队不同时期的信任类型和团队所需资源的差异性，形成针对其灵活适应强、不确定性高和任务技能角色组合多样特征的融合效率三维度解析框架。在此基础上，提炼网络型创新团队资源融合过程、团队生命周期、信任演变三维度之间的耦合关系，给出用以表征不同融合效应的"放大型、稳定型、削减型"三种融合效率内涵，构建包含专家决策信息的网络型创新团队未来资源融合效率动态评价的 MAGDM – DEA 方法。案例分析结果表明，该评价方法有效、可行，对于认知该类型创新团队三维度之间的耦合关系、提高团队远期管理效率、指导团队管理策略调整具有一定的实践指导价值。

最后，选定云南某烟草公司的创新团队为案例研究对象，面向多维不确定效率关系的整合评价问题进行尝试性的分析与应用，并给出相应的对策和建议，具有一定的实践应用创新性。选取来自该公司的 11 个创新团队，结合前文对三种类型创新团队的研究选出 9 个评价要素，构造能够有效应对复杂情景下多维效率内涵提取、转换与融合需求的 ANP – DEA 综合评价模型对案例进行评价，并在案例结果分析的基础上给出提高创新团队微观管理效率、完善该团队和谐管理机制构建策略的一般对策。

通过以上研究，本书为创新团队管理过程中涌现的微观效率评价提供了一套系统性、针对性的思路、理论和方法，可以科学、全面、创新性地分析和解构创新团队管理的运行效率和质量，对提升创新团队的效率水平和核心竞争力具有重要的实践指导。

目 录

绪　论

一　选题背景

在大科学时代，研究环境的多变性、问题的复杂性、过程的不确定性，使得传统个体成员单打独斗的科研方式已不能适应当前社会的多元化需求，重大现实难题的解决、高水平科研成果的产出需要集成不同知识结构、专长技能、思维方式的成员共同开展科学研究。在这种趋势下，创新团队作为有效凝结不同主体合力、发挥群体智慧的重要载体，被公认为当前多主体开展产学研协同创新的最有效形式，它通过整合不同成员的多元知识技能和资源要素，共同组成科研团队协同攻关社会发展难题。知识经济时代的到来更凸显出知识资源的价值和协同创新的重要性，创新团队作为建设创新型国家的重要组成部分，创新团队的建设水平直接影响国家整体的科技水平与经济发展水平，创新能力已成为衡量一个行业组织、地区甚至国家竞争力最重要的核心指标之一。鉴于其战略重要性与发展紧迫性，世界各国纷纷开始加强创新团队建设，以创新团队为主要形式的产学协同创新成为重要的研究热点。

从政策导向层面来看，创新团队已成为国家深度推进"科技兴国、人才强国"战略的重要载体和中坚力量。目前，中央与地方各级政府相继出台多样化的政策文件支持创新团队建设与发展。其中，国家自然科学基金委员会于2000年专门设立国家自然科学基金创新群体项目，创新群体项目支持优秀中青年科学家为学术带头人和研究骨干，共同围绕一个重要研究方向合作开展创新研究，培养和造就在国际科学前沿占有一席之地的研究群体。目前，国家自然科学基金创新群体项目已成为我国学术影响力最大、竞争空前激烈的人才计划类项目之一，鉴于该项目广受学界认可且含金量高，其资助金额亦非常巨大。根据 2016 年国家自然科学基金委员会网站披露的相关数据来看，2018 年共有 32 家科研单位荣获国家自然科学基金创新研究群体项目，不同学科的资助费用稍有差异，理工科直接资助项目平均费用为 1050 万元/项，而管理科学和数学则为 735 万元/项，这已经远超国家自然科学基金的其他类别资助金额，从资助数量和资助金额亦侧面印证了加强创新团队建设的重要性。另外，教育部也从 2004 年开始实施"长江学者与创新团队发展计划"，国防科工委亦于 2007 年开始执行"国防科技创新团队建设计划"，中共中央、国务院则在 2010 年相继印发的《国家中长期人才发展规划纲要（2010—2020 年）》和《国家中长期教育改革和发展规划纲要（2010—2020 年）》中对培育跨学科、跨领域的科研与教学相结合的团队等作了重要部署，明确提出"要围绕提高自主创新能力、建设创新型国家，努力造就一批高水平创新团队"。目前，一些地方政府和科研院所也都不同程度地开展了创新团队建设。例如，云南省教育厅特设省院省校合作项目，旨在鼓励西部地区高校与中东部高水平合作单位以团队形式共同开展科学研究；云南省社科联也通过设立创新团队专项支持资金项目以鼓励云南省内高校科研团队建设。因此，从宏观层面看，加强创新团队管理、充分发挥创新团队的积极作用，无论是对于实现我国强国战略，还是对于加快地区发展步伐都具有重要的意义。

从科技发展趋势来看，世界各国普遍意识到进行团队建设、开展团队合作的重要性，纷纷加强群体性科研机构建设，美国硅谷、日本筑波科技城、加拿大卡尔顿高科技区、德国慕尼黑高新科技区、中国中关村等国家性研发基地的组建与发展历程说明团队已成为当前世界各国加强科研合作的最重要形式。而从国内外相关诺贝尔奖统计数据来看，在诺贝尔奖设立的第一个 25 年中，合作研究获奖人数占获奖总人数的 41%，在第二个 25 年中合作获奖人数达到了 65%，第三个 25 年的合作获奖人数则更多，比例达到 79%。这也说明随着国内外形势的复杂性以及研究不确定性因素的增加，单靠个人单打独斗的传统科研方式获取诺贝尔奖在当今社会已经极为罕见，更多的是以团队形式开展科学研究，集成群体智力资源，发挥群体智力的整合推动力，成为国内外学术界公认的有效合作模式。

从现实发展需求来看，尽管创新团队已成为学术研究的主流形式与研究热点，相关研究成果层出不穷，但创新团队在合作过程中亦出现了诸多问题。例如，王嘉蔚等①从团队自下而上组建多、自上而下组建少，单一学科合作多、跨学科合作少，名义合作多、实质合作少，"短命"团队多、"长寿"团队少4个主要方面阐述我国创新团队建设过程中存在的问题。同时，综合近年有关创新团队发展现状，依旧存在着短期合作多、长期合作少，科研产出数量多、质量低，科研成果有效转化率低，科研成果与现实需求脱节等难题。出现这些问题的原因可能是创新团队的领导者多奉行柔性化管理，群体内部并无严格等级划分，成员之间关系比较灵活，松散式的民主管理模式虽然在一定程度上有利于形成和谐的管理氛围和科研成果产出，但也造成了群体中部分成员"搭便车"的行为。科研绩效评价体系的不健全、行政主导的管理模式使得创新团队成员投入与产出呈现出脱节状态，长此以往会削弱群体成员的工作积极性和创造性，使高端科研成果的产出更加困难。事实上，创新成果的产出直接依赖创新团队成员的积极性与创造性，而这根本上取决于创新团队的管理水平和管理效率。因此为了加强创新团队管理、提升创新团队合作质效、拓宽合作深度、加强科研成果的实际转化率和现实贡献率，需要从创新团队内部治理因素进行分析。另外，借鉴王海龙/王敏昱/谷丽的相关研究成果中的数据，得到关于创新团队群体项目经费投入与产出的相关表格，具体见表1-1。

表1-1　高校创新研究群体项目的科研产出效率

立项年份	立项数量 （项）	年总资助强度 （万元）	SCI论文产出 （篇）	项目平均产出 （篇/项）	资金平均产出 （篇/万元）
2000	9	6480	32	3.56	0.005
2001	11	7615	158	14.36	0.021
2002	9	6690	135	15.00	0.020

① 王嘉蔚等：《浅谈高校科技创新团队的建设和管理》，《科技管理研究》2015年第10期，第198~204页。

续表

立项年份	立项数量 （项）	年总资助强度 （万元）	SCI 论文产出 （篇）	项目平均产出 （篇/项）	资金平均产出 （篇/万元）
2003	11	3720	33	3.00	0.009
2004	11	4250	164	14.91	0.039
2005	14	5690	264	18.86	0.046
2006	20	8930	950	47.50	0.106
2007	29	13515	2227	76.79	0.165
2008	31	15985	2447	78.94	0.153
2009	27	15125	1981	73.37	0.131
2010	35	20640	2859	81.69	0.139
2011	45	26460	3801	84.47	0.144
2012	43	24900	1676	38.98	0.067

注：1. 2002 年以前获批项目资助年限为 6 年，2003 年后项目资助年限为 3 年。

2. 2012 年批准项目执行期限为 2013～2015 年，故 SCI 产出数据不完全。

分析表 1－1 可知，虽然国家自然科学基金委对创新群体项目的资助金额总体呈上升趋势，但是项目平均产出存在较大差异，例如 2006 年资助金额为 8930 万元，项目平均产出 47.5 篇，而 2012 年资助金额为 24900 万元，但项目平均产出为 38.98 篇。资助金额的大幅增加并没有显著增加项目的平均产出，反而有所减少，这说明科研成果的产出并不完全是由资助金额所决定的。同时，根据表 1－2 和表 1－3 综合分析可知，SCI 论文高产的创新研究群体与实际经费支持存在较大程度的差异，这说明创新团队成果的产出并不仅仅依靠科研经费的巨大投入，归根结底还是取决于创新团队内部管理效率，通过提升管理水平而发挥不同成员的专长技能，发展团队整体合力。如何分析影响创新团队管理效率的因素，提升科研成果产出率，发挥科研经费的实际支撑作用，促进创新团队管理效率的提升和创新性国家的建设，是本书亟须解决的重要问题。

表 1－2　SCI 论文高产的高校创新研究群体项目

排名	负责人	依托单位	项目名称	SCI 论文数
1	庞代文	武汉大学	新型生物医学探针技术基础及应用	579
2	鞠熀先	南京大学	生命科学中的分析新原理与新方法研究	558
3	郭子建	南京大学	功能配位化合物	507

续表

排名	负责人	依托单位	项目名称	SCI 论文数
4	陶绪堂	山东大学	具有重大应用前景的功能晶体材料	420
5	孟洛明	北京邮电大学	通信网的网络理论和技术	366
6	杜 勇	中南大学	特种粉末冶金材料应用基础研究	343
7	龚旗煌	北京大学	飞秒光物理与介观光学研究	341
8	刘忠范	北京大学	表界面纳米工程学	315
9	任南琪	哈尔滨工业大学	城市水质转化规律与保障技术	281
10	傅 强	四川大学	高分子材料加工中的多层次结构演变与控制新技术	280

表 1-3　高校创新研究群体项目每万元 SCI 论文产出量前十名

排名	负责人	依托单位	项目名称	SCI 论文数/万元
1	庞代文	武汉大学	新型生物医学探针技术基础及应用	0.55
2	傅 强	四川大学	高分子材料加工中的多层次结构演变与控制新技术	0.47
3	郭子建	南京大学	功能配位化合物	0.46
4	陶绪堂	山东大学	具有重大应用前景的功能晶体材料	0.38
5	鞠熀先	南京大学	生命科学中的分析新原理与新方法研究	0.37
6	孟洛明	北京邮电大学	通信网的网络理论和技术	0.32
7	冯小明	四川大学	高选择性的有机合成新反应与新策略	0.32
8	杜 勇	中南大学	特种粉末冶金材料应用基础研究	0.31
9	孙世刚	厦门大学	界面电化学	0.28
10	周 玉	哈尔滨工业大学	多功能防热陶瓷基复合材料研究	0.26

另外，考虑到不同组织结构类型的创新团队管理效率内涵界定与评价方法亦有所差异，因此如何针对不同组织结构形式辨析创新团队管理效率的内涵、特征，并给出合适的管理效率评价方法，是不断提升创新团队管理效率、协同效率，提升创新团队高水平科研成果的重要研究内容，无论从政策导向、世界科技发展趋势以及现实发展需求来看都具有显著的理论研究价值与实践指导意义。

二 研究目的与意义

1. 研究目的

成员关系灵活、集成创新性强、不确定性程度高是创新团队的本质特征，为了构建适用于创新团队管理的一般性理论以及评价方法，本书在界定创新团队内涵、特征以及类型的基础上，分析不同类型创新团队在组织结构、团队关系以及管理方式等方面的差异性，并针对其差异性给出不同类型创新团队不同效率的内涵界定以及评价方法。为有效解决创新团队管理效率评价问题，在充分考虑创新团队存在成员关系灵活、集成创新性强以及不确定性程度高等独特属性，通过对不同类型的创新团队进行分类辨析，并针对不同类型创新团队的管理效率差异给出特定效率内涵界定、研究视角以及相应的评价方法，以期从整体性上给出一套针对不同类型创新团队的差异化效率评价的理论与方法，并通过云南中烟某公司创新团队进行案例应用以验证论文所提方法的可行性，并针对存在的不足之处给出具体的优化策略。

为实现该目的，本书开展相关研究主要解决以下三方面问题。

（1）创新团队管理效率概念内涵、基本构成和作用关联的系统化阐述

创新团队因其成员多样性、关系灵活性、不确定性程度高等特征使其呈现出不同的组织结构类型，例如，企业创新团队与高校创新团队因其主要目标、科研平台、合作方式等方面的不同而使其组织结构具有较大的差异性，这就需要采取不同的管理方式对其进行科学管理。鉴于此，如何在深度把握创新团队固有属性的前提下系统分析创新团队内部的典型特征，针对不同类型的创新团队分析其组织结构、管理模式以及效率评价的侧重点，在此基础上给出具体的内涵界定、基本构成以及作用关联，是本书研究的第一个难点。

（2）针对创新团队管理效率评价提出科学的研究思路

通过对国内外相关数据进行系统化梳理发现，虽然国家在政策引导、经费支持、平台打造等方面提供了大量的支持性扶助政策，目前我国科研成果数目已经跃居世界第二，但是在创新团队建设过程中亦涌现了大量富

有中国特色的问题。例如，团队组建动机不纯、拉帮结派、近亲繁殖等问题，由此导致团队管理难度较大，这些问题多属于个体内部现实问题，并不能通过显性化的制度规范予以有效解决，更多地依靠成员个体自我约束、自我规范。此外，这些问题的存在也可能会影响其他成员的积极性以及创新动力，甚至影响整个团队的发展。为此，通过对管理效率的评价，改善传统定性化的绩效考评体制，通过对科研成果进行分层次奖励，拉开高水平科研成果与一般科研成果的奖励差距，激励创新团队成员产出高水平科研成果，打破个体研究局限，实现团队整体协同攻关。鉴于此，如何借助管理效率的评价改善创新团队管理质效，解决团队管理的复杂难题，为提升创新团队管理效率给出具体的评价方法，丰富创新团队管理效率的研究思路，是本书研究的第二个难点。

（3）提出创新团队管理效率的评价标准及评价方法

创新团队因涉及不同领域、不同行业、不同企业而具有多样化的组织形式，且创新团队主体多样性、能力差异性、环境不确定性等因素对管理效率的影响程度比较难以定量化，这使得大多数管理效率的评价方法多侧重实际产出绩效方面而忽视团队合作过程、多注重产出数量而忽视高水平科研成果产出的时限性要求，由此出现明显的学术功利性行为，具体表现在，学术成果多但实际贡献有限，沦为学术垃圾。如何通过创新团队管理效率的评价营造团队和谐的管理氛围，促使团队合作以集成多方智力资源共同产出高水平科研成果，是本书拟解决的关键问题。但受限于当前关于创新团队管理效率评价的相关有价值性的参考文献极其匮乏，如何构建创新团队管理效率的评价标准及可行性方法，为创新团队管理效率的标准定量化及方法的相对普适性提供一套系统的评价方案，是本书研究的第三个难点。

2. 研究意义

（1）推进学科综合与交叉研究的需要

从基础研究发展规律和趋势看，科学领域在不断分化的同时，又不断走向综合。效率研究更多集中在宏观经济、产业经济和区域经济的研究中，面向管理效率的研究无论从系统性还是从可操作性来看，都存在较大基础理论缺口。这种情景下，考虑到在各门学科之间，正在不断发生研究方法与知识体系的交融，并由此产生了新的科学前沿和新兴学科，因此本书聚焦于创新团队的管理效率研究将形成关联学科的交叉创新，不仅将形成新的效率解析维度、内涵和评价方法，也会形成新的管理效率评价与解读策略，对于借助经济效率分析原理有效提升微观管理效率具有重要意义。

（2）着力突破复杂科学问题的迫切需要

科研组织模式历来需要与科研的对象相适应。当代科技发展日新月异，科学问题之间的相互联系不断增多，科学研究对象的复杂性不断增强。如果在科研模式上只强调单兵突进，就无法实现系统深入，就会影响对复杂对象的重大突破，影响对科学规律整体认识的深化。因此对一些复杂科学问题，需要组成团队，凝聚不同学科背景、不同学术视野、不同专业见解的科研人员集体攻关。具有不同学科背景，围绕共同研究目标组成的科研团队，跨学科、跨领域、跨地域，甚至全球化的科学家密切合作，对促进基础研究发展、推进自主创新具有十分重要的意义。

（3）提升创新团队管理质效，发挥群体智慧的需要

创新团队虽然受到国家及地区各级政府在政策、经费、平台等方面的大力支持，经费逐年增加、人才规模持续扩大，但相关科研成果对社会的实际贡献较为有限。而创新团队作为国家推进"科教兴国"和"人才强国"战略的重要力量，通过对创新团队内部复杂的管理难题进行系统化剖析，明晰影响创新团队持续发展与成果有效转化的关键要素，可以对不同类型创新团队管理效率进行评价，进而改善绩效评价方法，有针对性解决阻碍创新团队发展的顽疾。

（4）满足实践需求，提升创新团队科研成果有效转化的必然之路

创新团队成员因知识能力结构、角色行为感知、资源利用效率等方面的差异而导致不同成员间、成员与领导间以及内外部合作主体间存在着时间、空间等方面的合作与沟通交流障碍，导致同等资源、经费支持条件下科研成果的产出质量与效率具有显著的差异性。通过分类辨析不同组织结构类型创新团队管理效率的内涵与评价方法的差异，对创新团队管理效率影响因素进行分析的基础上，给出不同类型创新团队管理效率的具体内涵

与针对性评价方法，可以提升创新团队管理效率和团队的合作质效，促进组织间知识共享的持续推进与科研成果的有效转化，为科教兴国战略和建设创新型国家做出应有的贡献。

三　国内外研究现状

通过运用中国知网（CNKI）和 Web of Science 等国内外权威期刊数据库分别以"创新团队""管理效率""效率评价"等关键词进行检索，发现目前关于创新团队的相关研究成果已经非常丰富，主要集中在概念特征、问题对策、绩效考评、模型方法等层面，而关于管理效率的研究视角则在不同行业反复涌现，研究成果主要集中于影响因素、指标体系、模型构建以及评价方法等层面。为全面解构创新团队管理效率评价相关的主要研究成果，下文将分别按照"创新团队"、"管理效率"以及"效率评价"三个维度系统梳理相关研究，并针对已有研究对本书的理论贡献以及不足之处进行详细述评，进一步明确未来的研究方向。

1. 创新团队的相关研究

通过对国内外权威电子期刊数据库的检索发现，国内对于创新团队的研究是在国家自然科学基金委、教育部、国防科工委纷纷设立了创新团队专项基金后才逐渐出现的，而国外虽然不乏有关团队的性质特征、绩效评价、冲突管理等方面的成果，但对于创新团队的研究却鲜见报道。同时，考虑到第二章对创新团队内涵、特征以及类型的详细阐述，为避免重复性，本节主要从体制机制、绩效评估、指标体系、模型方法、问题对策五个方面系统评述创新团队的相关研究成果。

（1）体制机制

创新团队体制机制是创新团队规范运作、高效运营的基础，体制机制的健全与完备度直接关系到创新团队成员的积极性、成果价值属性以及团队可持续性。目前，学界对创新团队体制机制的研究主要集中于人员配置机制、成员激励机制、运行管理机制等方面。

人员配置机制方面。现有成果主要集中在人员配置要求、人员配置策略以及人员配置方法等方面。其中，配置要求层面，周瑞超[1]通过分析团队领导者的职能作用，分别从学术洞察力、决策能力、组织协调能力、沟通交流能力以及包容能力等方面对创新团队学科带头人的基本素质进行了详细的界定。配置策略层面，Sun[2]运用工作设计理论分析低碳企业研发人员配置问题的影响因素并构建了多主体互信模型，同时提出了不断完善激励机制、改进激励方法以激发成员群体智慧的策略。配置方法层面，Aleskerov 等[3]针对大规模商业银行人员分配问题，提出了一种基于任务分解的两阶段标准化人员配置方法，可实现人岗有效匹配。

成员激励机制方面。赵丽梅、张庆普[4]发现科研经费过度支持并不利于成员创新质效，提出高校科研创新团队激励机制的设计应以满足成员内在动机为核心，科研经费制度为辅助政策。这与马斯洛需求层次理论的相关研究成果具有一致性，即科研团队成员更注重自我价值的实现；而针对目前我国大多数科研团队在激励机制的具体设计过程中因统筹规划不全面、配套政策不健全、监管机制不完善、激励措施不到位而滋生的成员学术功利性行为、团队持续创新能力不足以及创新质效较低的问题，佟露[5]认为要通过加强团队文化建设诱导成员自主创新行为，构建公平合理的绩效考评体系，并积极打造相关的配套措施提升团队成员的工作积极性、工作满意度以及群体凝聚力，发挥激励机制的内聚与同化作用；另外，邱楷[6]注意到大多数地方高校由于经济发展水平、教育资源配置以及科学研究平台等方面的差异并未处理好物质激励与精神激励、成员自由与适度约束之间的平衡关系，由此导致我国地方大学科技创新团队发展水平差异较

---

① 周瑞超：《科技创新团队带头人的必备素质及其培养训练》，《广西大学学报》（哲学社会科学版）2012 年第 2 期，第 93～96 页。

② F. Sun, "On Multitask Allocation – based Incentive Mechanism Design for Enterprise Low – carbon R&D Personnel," *Science & Technology Management Research* 2 (2013): 27 – 39.

③ F. Aleskerov, H. Ersel & R. Yolalan, "Personnel Allocation among Bank Branches Using a Two – stage Multi – criterial Approach," *European Journal of Operational Research* 1 (2003): 116 – 125.

④ 赵丽梅、张庆普：《高校科研创新团队成员知识创新的激励机制研究》，《科学学与科学技术管理》2013 年第 3 期，第 89～99 页。

⑤ 佟露：《研究型大学创新团队激励机制研究》，硕士学位论文，大连理工大学，2015。

⑥ 邱楷：《我国地方大学科技创新团队激励机制研究》，博士学位论文，华中科技大学，2011。

大，并提出从成员职业生涯发展、精神激励以及团队和谐管理三个层次构建地方性高校科技创新团队的激励机制；Hu[1]通过分析团队社会资本、外部刺激与团队创新绩效之间的关系发现通过整合创新团队社会资本关系，积极利用外部刺激以提升成员间知识共享意愿与合作水平，可以有效提升创新团队成员的创新动力和团队整体绩效；Xu[2]针对当前大多数高校科研团队激励机制的设计多强调实用性而忽略对成员个体的心理需求分析导致实际效果并不理想的问题，提出在激励机制设计时需要综合在遵循组织价值准则基础上充分考虑大多数成员兴趣、科研管理水平、团队发展三者的协调；Bushman等[3]通过研究团队管理过程中分散性激励与企业绩效之间的关系，提出创新团队在管理过程中应该注意激励方式的艺术性，通过分散性激励保持成员持续的努力热情，可以显著提升企业的整体绩效。

运行管理机制方面。Mcadam等[4]指出对创新团队有效管理就是在明晰创新团队关键目标的基础上，通过分析个体成员异质性与团队整体性，进而采取适当的激励策略、激励过程以提升团队管理质效；Talke等[5]从创新团队长期发展战略视角指出高水平创新团队的持续发展需要通过制定远大的团队发展前景以吸引优秀人才加盟团队，并通过发挥不同人才的差异化优势以提升组织创新力和绩效水平；许成磊[6]将和谐管理理论融入创新团队研究中，分别从环境适应、自主管理、共享沟通、资源配置、耦合优化

① L. Hu, A. E. Randel, "Knowledge Sharing in Teams: Social Capital, Extrinsic Incentives, and Team Innovation," *Group & Organization Management* 2 (2014): 213 – 243.
② Xu Gui – Wu, "Scientific Research Innovation Team Incentive Policies," *Research in Teaching* 6 (2011): 111 – 122.
③ R. M. Bushman, Z. Dai, and W. Zhang, "Management Team Incentive Dispersion and Firm Performance," *Accounting Review* 6 (2015): 78 – 92.
④ R. McAdam, J. Mcclelland, "Individual and Team – based Idea Generation within Innovation Management: Organisational and Research Agendas," *European Journal of Innovation Management* 2 (2013): 86 – 97.
⑤ K. Talke, S. Salomo, and K. Rost, "How Top Management Team Diversity Affects Innovativeness and Performance via the Strategic Choice to Focus on Innovation Fields," *Research Policy* 7 (2010): 907 – 918.
⑥ 许成磊：《基于界面管理的创新团队和谐管理机制评价及应用研究》，博士学位论文，昆明理工大学，2014。

五个维度全面解构创新团队和谐管理机制的相关概念和复杂机理。在此基础上,谢晖[1]通过将界面管理理论和复杂系统理论相结合,从复杂系统的整体性视角剖析了创新团队内部运行规律。

(2)绩效考核

当前大多数科研创新团队的绩效评价主要采用对科研成果定量化方法,而忽略特定情境下科研绩效评价困难的问题。其中,在绩效影响因素方面,Watson等[2]指出在对团队绩效考核时需要综合考虑团队不同成员的个体特征及性格差异,要将不同年龄段、知识结构、执行能力以及责任意识等纳入绩效评价的考核范围;Brueller和Carmeli[3]指出组织成员安全感、持续学习过程以及和谐的人际关系有利于成员个体以及组织整体绩效的提升。齐旭高等[4]构建团队结构特征与创新绩效之间的多层次概念模型,提出构建分权化、扁平化和柔性化的创新团队提高创新团队知识整合能力,通过发挥群体协作效应提升创新团队的持续创新能力和创新质效。

此外,冯海燕[5]运用PDCA方法分析某高校科研创新团队绩效考评过程中存在的问题,采用因果图分析法系统分析其内在关键动因,提出绩效考核要针对不同情境下综合考虑显性绩效与隐性绩效;袁庆宏等[6]通过构建创新团队跨界行为与团队整体绩效的作用机制模型,发现团队跨界行为对团队创新绩效具有倒 U 形关系。为此,创新团队的学术带头人应该适度把控跨界研究的尺度,寻求多元化跨层次交叉研究与特色学科与独特优势之间的动态平衡,发挥跨界行为的积极作用;刘小禹、

---

① 谢晖:《基于界面管理的创新团队复杂系统运行机制研究》,博士学位论文,昆明理工大学,2015。

② W. E. Watson, T. Minzenmayer, and M. Bowler, "Type A Personality Characteristics and the Effect on Individual and Team Academic Performance," *Journal of Applied Social Psychology* 5 (2006): 1110 – 1128.

③ D. Brueller, A. Carmeli, "Linking Capacities of High – quality Relationships to Team Learning and Performance in Service Organizations," *Human Resource Management* 4 (2011): 455 – 477.

④ 齐旭高等:《组织结构特征对产品创新团队绩效的跨层次影响——基于中国制造企业的实证研究》,《科学学与科学技术管理》2013 年第 3 期,第 162 ~ 169 页。

⑤ 冯海燕:《高校科研团队创新能力绩效考核管理研究》,《科研管理》2015 年第 1 期,第 32 ~ 34 页。

⑥ 袁庆宏等:《研发团队跨界活动对团队创新绩效的"双刃剑"效应——团队反思的中介作用和授权领导的调节作用》,《南开管理评论》2015 年第 3 期,第 13 ~ 23 页。

刘军①从心理学研究视角指出创新团队成员间存在情绪劳动和情绪氛围两种情绪交换，高强度的情绪劳动会对团队情绪氛围以及创新团队绩效产生负面作用。但当创新团队成员承担高强度的情绪劳动时，较低的积极情绪氛围对创新团队整体绩效具有推动作用。这可能是因为，当知识型团队成员承担某项科研任务，团队内部紧张的工作氛围可以促使成员集中精力解决问题，提升团队管理效率。为此，在设计创新团队成员绩效考评体系时，可采用分层式的激励方法，给予创新团队成员适度的压力，激发团队成员内在潜力，提升团队整体绩效。

（3）指标体系

指标体系的构建可以较为清晰地识别相关指标的影响因素，全面反映指标间的复杂关联，通过对指标体系进行系统梳理，对提升创新团队的整体性认识具有重要的作用。在科研资源利用效率方面。骆嘉琪、匡海波②针对高校创新团队存在大量资源浪费、资源利用效率低下的问题，构建了包含人力资源、科研项目经费以及科研设备3个一级指标，9个二级指标的科技创新团队资源利用效率评价指标体系，为提升创新团队资源利用率提供了较为全面的管理思路；在团队建设水平方面。张晓亮③针对当前关于创新团队建设水平缺乏相关衡量标准的问题，分别从创新团队成员、科研项目级别与数量、科研平台以及成员在学界的知名度测度硬件水平，从团队使命与成员职业愿景、团队目标任务、团队管理水平以及团队文化建设等方面测度软件水平，在此基础上构建了整合创新团队软硬件水平的科研团队建设水平评价指标体系。

在绩效考评体系方面。霍妍等④通过分析科研团队投入因素以及最终产出成果，从组织系统协同视角构建了整合创新团队要素投入与成果产出

① 刘小禹、刘军：《团队情绪氛围对团队创新绩效的影响机制》，《心理学报》2012年第4期，第546~557页。
② 骆嘉琪、匡海波：《高校科技创新团队科研资源绩效评价指标体系》，《科研管理》2015年增刊第1期，第116~121、156页。
③ 张晓亮：《我国创新团队建设现状与发展对策研究》，硕士学位论文，天津医科大学，2013。
④ 霍妍等：《科技创新团队协同创新绩效评价》，《中国科技论坛》2016年第1期，第51~57页。

的绩效评价指标体系，较为全面地阐述了影响组织绩效的相关因素；尹洁等①运用平衡积分卡的相关功能结构与思维方法，通过辨析高校创新团队的战略规划地图，构建了包含 3 层次 5 维度的创新团队绩效评价指标体系，实现了创新评价中财务与非财务指标相结合、长期与短期考核相结合的整合评价；针对团队创新绩效多从创新团队内部视角进行评价而忽视外部效益的弊端，孔春梅、王文晶②引入科研成果的社会价值、团队成员的社会名誉、团队的社会影响力以及团队成长环境等外部要素，运用层次分析法提出包含科技创新团队内外部环境要素的绩效考评体系，从更加全面的视角衡量科研成果，为提升绩效考评的科学性奠定了坚实的基础。

（4）模型方法

在模型构建层面。马西森等③运用 MCFA（Multi – level Confirmatory Factor Analysis）方法从个体与团队两层次分析影响创新团队合作氛围的相关因素，并构建出组织团队的创新氛围评价模型；柳洲④运用知识网络以及行动者网络的相关理论方法，构建了"物质网—知识网—文化网"多层次耦合的行动者网络模型及群体网络模型，从整体性视角论述跨学科团队成员合作过程中的知识共享路径与激励方式；为提升组织的持续学习与创新能力，迪尤和赫恩⑤针对资源约束型创新团队合作过程中存在的问题，基于网络结构视角构建创新团队学习过程模型，提出将成员进行分组独立研究的混合型结构模式；张小晖⑥分别从创新团队内外部学习氛围、成员的学习成果、团队学习激励机制以及成员间的协作绩效 4 个层次构建了适用于学习型组织类型的结构方程模型，提升了创新团队的学习能力与持续发展能

---

① 尹洁等：《高校科研创新团队知识共享绩效影响因素实证研究——以江苏省高校协同创新中心为例》，《中国科技论坛》2016 年第 9 期，第 115～121 页。
② 孔春梅、王文晶：《科技创新团队的绩效评估体系构建》，《科研管理》2016 年增刊第 1 期，第 517～522 页。
③ G. E. Mathisen et al., "The Team – level Model of Climate for Innovation: A Two – level Confirmatory Factor Analysis," *Journal of Occupational & Organizational Psychology* 1 (2006): 23 – 35.
④ 柳洲：《"M – C – K" 群体行动者网络模型与跨学科创新团队知识生产机制》，《科学学与科学技术管理》2012 年第 3 期，第 158～164 页。
⑤ Robert Dew and Greg Hearn, "A New Model of the Learning Process for Innovation Teams: Networked Nominal Pairs," *International Journal of Innovation Management* 4 (2011): 521 – 535.
⑥ 张小晖：《创新团队知识学习机理研究》，《科学学研究》2012 年第 6 期，第 138～144 页。

力；王晓红等①通过融合三元交互论、系统动力学以及流率基本入树法的相关理论方法，构建了整合创新团队成员不同知识创新行为的系统动力学模型，模拟仿真结果表明，通过营造和谐融洽的学术氛围、发挥沟通的组织协调作用，可以不断提升成员间的互信水平以及成员的知识创新能力，促进创新团队持续发展；刘春艳、王伟②通过运用耗散结构理论解析科研团队成员知识共享与转移过程中的相关影响因素与典型特征，构建了创新团队成员知识转移的系统模型，较为全面地分析了创新团队成员的知识转移过程。

在研究方法方面。为有效应对国际竞争对强化企业技术革能力、完善产品生产效率控制、压缩产品循环周期以及降低大规模协作成本等多方面的挑战，凯尔德等③将团队依据学科和组织边界的不同进行分类，通过对比分析发现在开放性市场下多功能团队更容易取得成功；王晓红等④针对创新团队多为临时组建的"拉郎配"现象，提出创新团队在选择成员时要综合考虑成员个体能力、成员间协同能力以及成员与任务的匹配程度。而赫尔和普罗斯皮奥⑤指出对创新团队成员的选择需要考虑成员间的认同感与亲近感，提升创新团队成员的角色融入感；当前团队成员选择模型的构建多基于个体维度，针对其忽视不同成员间知识互补性的协同关系以及历史合作经验的弊端，冯博、樊治平⑥提出了适用于多主体知识型创新团队成员选择的 GRASP 启发式算法；孙薇等⑦针对当前大多数创新团队在选取成员时存在的知识相似度测算主观性弊端，运用超网络方法对成员知识差

①　王晓红等：《创新团队成员知识创新行为的系统动力学研究》，《研究与发展管理》2014年第 2 期，第 120 ~ 128 页。
②　刘春艳、王伟：《基于耗散结构理论的产学研协同创新团队知识转移模型与机理研究》，《情报科学》2016 年第 3 期，第 42 ~ 47 页。
③　Sally Caird et al., "Team Approaches to Developing Innovative Products and Processes," *International Journal of Innovation Management* 4 (2012): 234 – 239.
④　王晓红等：《虚拟科技创新团队成员选择决策研究——基于多级可拓综合评价》，《科研管理》2011 年第 3 期，第 108 ~ 112 页。
⑤　M. Hoegl and L. Proserpio, "Team Member Proximity and Teamwork in Innovative Projects," *Research Policy* 8 (2004): 1153 – 1165.
⑥　冯博、樊治平：《基于协同效应的知识创新团队伙伴选择方法》，《管理学报》2012 年第 2 期，第 258 ~ 261 页。
⑦　孙薇等：《基于知识超网络的科技创新团队的组建方法》，《科学学与科学技术管理》2013 年第 8 期，第 166 ~ 171 页。

异进行定量化分析，在此基础上提出选择合理知识结构成员的方法，但其尚未全面考虑到成员的科研潜力、责任意识、团队精神、价值观以及忠诚度等因素；由于存在主体多样、任务多变、环境多变等特征，具有差异化研究重点的创新团队往往采取差异化的组织结构与合作方式①，针对该问题，刘泽鑫②指出当前高校科技创新团队存在着包括层式组织、职能式组织、矩阵式组织以及网络型组织等 7 种主要合作模式，提出了运用多属性模糊决策的 DS/AHP 方法来选择创新团队的合作模式。

（5）问题对策

在问题方面。张红珍③指出我国大多数科研团队存在团队组建难度大、发展不稳定、功能不到位、创新能力弱、凝聚力不强等问题使得团队成员实质上更多是借助组织平台单打独斗地进行科研，群体凝聚力和组织认同感有待加强；柳洲、陈士俊指出当前我国科技创新团队多为临时拼凑性的自发组织，由于缺乏从组织战略层次上的顶层设计以及相关政策的引领支撑，导致团队内部管理依旧是传统的行政领导主导，行政权力凌驾于学术创作之上，出现"行政权力泛化、学术权力弱化"的畸形发展局面；黄宇等④指出高校创新团队在不同的发展阶段存在着不同的现实难题与管理困境，并分别从政府部门、社会环境以及高校三个层次提出针对不同发展阶段的应对策略，为促进高校创新团队的阶段化良性发展提供了重要的经验。针对具体地域的创新团队建设问题，胡琛⑤以安徽省某高新技术企业创新团队为例，指出团队建设认知误区、不同层次成员差距大、体制机制不健全、资源分配不合理、经费筹集难度大等方面是困扰企业创新团队建设的典型难题；余玉龙⑥从智力资本、物质基础、科研平台以及职业发展

① 王恬然：《高校创新团队信任构建及其影响绩效的机制研究》，硕士学位论文，天津大学，2007。
② 刘泽鑫：《高校科技创新团队合作模式选择方法研究》，硕士学位论文，昆明理工大学，2013。
③ 张红珍：《高校学术创新团队的培育与保障机制研究》，硕士学位论文，长安大学，2013。
④ 黄宇：《高校科技创新团队建设：困境与突围》，《高等工程教育研究》2013 年第 2 期，第 103～106、175 页。
⑤ 胡琛：《创新型企业的创新团队建设研究》，硕士学位论文，合肥工业大学，2010。
⑥ 余玉龙：《地方高校科研创新团队建设的困境、误区及其出路》，《科技管理研究》2011 年第 6 期，第 105～107 页。

环境 4 个层次系统化论述了地方高校科研创新团队发展的限制条件，发现学人才梯度不合理、研究方向模糊、科研平台不健全、行政权力泛化等难题普遍存在。

在对策方面。王嘉蔚、贾延江[①]通过分析中山大学科研团队建设过程中出现的问题，在借鉴美国约翰·霍普金斯大学有关科研创新团队建设经验的基础上指出科研创新团队发展的最关键要素是选择合适的领导者，而有效的领导者可以通过加强同外部不同主体开展合作创新，不断拓展科研经费的筹集渠道与方式，积极加强科技成果的有效转化；王冠[②]指出制度的导向性作用对团队建设至关重要，认为可以通过加强创新团队授权与职能化建设，平衡学科带头人与外部支持的协作关系；单巍[③]通过综合运用"人性假设"、"木桶理论"、共生理论以及 K. Lewin 的群体气氛理论中有关团队建设的相关理论与思想，指出创新团队发展过程中要运用标杆管理思想，通过与优秀创新团队全方位对比明晰自身不足之处，并通过实现实施组织变革、完善管理制度、优化管理方式等方法不断提升组织管理水平。

2. 管理效率的相关研究

管理是综合运用计划、组织、领导以及控制等职能来协调组织生产经营活动中的行为以实现组织目标的过程。而管理效率亦属于管理范畴，侧重对管理过程中的成本收益之间的投入产出关系予以最优化资源配置，进而激发成员工作积极性而实现组织的预期目标[④]。目前学界已从影响因素、指标模型以及评价方法等维度，分别针对不同行业的管理效率问题开展了多层次研究，相关研究成果已经很丰富。通过梳理相关成果，可为创新团队管理效率内涵界定与评价方法选定提供一定的研究思路。

---

① 王嘉蔚、贾延江：《美国约翰·霍普金斯大学创新团队的实践和启示》，《实验技术与管理》2015 年第 1 期，第 218～221 页。

② 王冠：《试论高校创新型科研团队建设的制度创新》，《教育研究》2010 年第 6 期，第 73～76 页。

③ 单巍：《科技创新团队管理模式研究》，硕士学位论文，中国地质大学，2013。

④ J. D. Bate，" How to Explore for Innovation on Your Organization's Strategic Frontier," *Strategy & Leadership* 1（2010）：32－36.

（1）应用领域

在政府管理方面，Office ＵＳＧＡ①在考虑风险因素下构建了政府管理效率测度模型，指出政府管理部门要运用预算管理思想和目标管理思想，根据阶段性目标差异以及跨机构合作的特征给出具体的预算规划，并允许弹性化的预算调整空间；在城市发展方面，张宝祥②分别从经济效率、社会效率、结构效率、人员效率、发展效率以及环境效率6个维度系统评价了天津市的城市管理效率水平；在信托业方面，Pu 和 Luo③通过蒙特卡洛（Monte‐Carlo）模拟法筛选影响企业管理效率的评价指标，综合运用 SFA 与 DEA 方法测算 20 家信托公司的经营管理效率；在高新技术产业方面，刘敏、刘汕④选择5个具有代表性的高新技术行业，运用 DEA 方法判断不同行业的技术管理效率，在此基础上综合评定我国高新技术产业知识管理效率；在高校方面，曾艳⑤分别采用资金管理、目标管理、教学管理、学生管理、人事管理、工艺管理等6个维度的相关指标，结合"4E"评价法构建了适用于高校行政管理绩效的评价模型；在项目管理中，Martinsuo 和 Lehtonen⑥针对项目管理过程中个别项目管理效率与整体项目管理效率之间研究的缺乏，运用实证方法研究发现项目组织结构及管理效率的提升与组织整体项目效率间呈正相关关系。

（2）影响因素

张良、吴涛⑦指出传统"计件工资制"式的激励方式容易引起团队成员行为中的"自利"倾向，可能降低组织的管理效率、激励政策的实质效

---

① Office ＵＳＧＡ, *Government Efficiency and Effectiveness*: *Views on the Progress and Plans for Addressing Government‐wide Management Challenges*（Government Accountability Office Reports, 2014）.

② 张宝祥：《天津市城市管理效率研究》，硕士学位论文，天津大学，2013。

③ Pu Yong‐jian, Luo Qiao‐li, "Management Efficiency Analysis of Chinese Trust Industry Based on MC‐SFA Model," *Systems Engineering‐Theory & Practice* 5（2012）：1039‐1047.

④ 刘敏、刘汕：《我国高技术产业知识管理效率的测度分析》，《科技管理研究》2015 年第23 期，第 142 ~ 144 页。

⑤ 曾艳：《我国高校行政管理效率评价研究》，硕士学位论文，吉林大学，2013。

⑥ M. Martinsuo and P. Lehtonen, "Role of Single‐project Management in Achieving Portfolio Management Efficiency," *International Journal of Project Management* 1（2007）：56‐65.

⑦ 张良、吴涛：《高能激励下的团队管理困境及其化解》，《科学管理研究》2011 年第4 期，第 87 ~ 91 页。

果甚至影响组织的生命周期，并在此基础上提出要综合采用"公平裁决"以及"差异化激励"的政策。魏海莹[1]发现不同的组织结构对管理效率影响程度较低，管理效率的提高需要企业根据不同的组织结构特点采取灵活的管理方式以满足外部世界多样化的需求，提升中小企业竞争力；针对组织冲突与团队管理效率之间的复杂关联，何振炜[2]认为并不是所有的冲突都会影响组织绩效，团队的任务冲突可以激发成员的创新思维，但二者呈现出倒 U 形的二次曲线关系，这要求把握好任务冲突的范围与尺度，积极发挥良性效应；张冰[3]认为当前团队管理效率低下的主要原因在于组织内部缺乏良好的沟通渠道，团队成员主动性较弱。团队形成良好的管理效率有赖于成员间、成员与上级之间良好的沟通，明晰组织需要以及自身努力方向，将组织目标与个人目标有机地结合起来。

（3）指标与模型

在指标体系方面，钟红飞[4]运用相关分析法找出影响物流企业管理效率的相关因素，并通过主成分分析法辨析关键要素，在此基础上构建涵盖财务能力、运营能力、盈利能力、发展能力以及抗风险能力等关键要素的综合评价指标体系。

在模型构建方面，为有效测度中国商业银行管理效率差异，刘双[5]在全面比较已有银行效率测算方法的基础上，构建了中国商业银行管理效率的系统评价模型；张萍[6]通过主成分分析法从营运效益、营运能力、偿债能力以及营销能力 4 个维度构建测度房地产企业的管理效率评价模型；Yoo 等[7]为评价分销行业的服务质量与管理效率，通过构建 DEA/PS 模型以改进传统 DEA 模型的加权值不科学问题，在此基础上提出了更加实用的

① 魏海莹：《中小企业组织结构与管理效率研究》，硕士学位论文，中国海洋大学，2011。
② 何振炜：《团队冲突对团队效率的影响研究》，硕士学位论文，上海交通大学，2013。
③ 张冰：《科层困境与国家建设的中国出路——以延安时期党的一元化领导体制为中心》，《广东社会科学》2015 年第 1 期，第 131～139 页。
④ 钟红飞：《物流企业管理效率评价研究》，硕士学位论文，湖南大学，2013。
⑤ 刘双：《基于 DEA 模型的中国商业银行管理效率研究》，硕士学位论文，北京交通大学，2015。
⑥ 张萍：《房地产企业营运资金管理效率研究》，硕士学位论文，西安建筑科技大学，2014。
⑦ H. Yoo et al., "An Application of Total Quality Management Efficiency Model in the Korean Distribution Industry," *Asian Journal on Quality* 1 (2009): 25–36.

SQAE 模型；M. R. Staat 和 M. Hammerschmidt[1]为测算细分市场产品管理效率，运用超效率模型分析影响顾客购买产品以及产品结构设计效率的因素；而针对内部生产流程任务联系紧密的组织管理效率评价问题，王维国、刘丰[2]构建了基于链形结果关联性网络的 DEA 模型，能同时提高各业务流程以及流程之间的管理效率，辨析组织内部管理有效与无效的具体环节，有针对性地予以应对，为提升组织流程管理效率、做出科学决策提供了整体性视角；韩姣杰等[3]意识到群体内不同成员偏好的差异性会影响管理效率，在借鉴社会偏好理论的相关思维方法的基础上，通过假设各代理人互惠偏好差异，构建了多主体团队的委托代理模型，并分别对完全理性和互惠偏好条件下的行为选择进行了比较，为提升多主体团队合作管理效率，规避多代理人道德风险提供了重要的研究思路。

（4）评价方法

目前学界对效率的评价多是通过确定投入产出指标，然后运用 DEA 方法测度相关效率[4]。其中，W. W. Cooper 等[5]在考虑评价结果公平性与有效性的基础上，提出了一种整合 DEA 方法与线性规划方法的资源分配扩展模型，并通过 Dantzig – Wolfe 方法解决评估公平和效率之间的平衡问题；蒋天颖、白志欣[6]为突破传统标准 DEA 评价结果与现实差距较大的情况，通过运用偏好 DEA 方法对浙江省 16 家大型企业知识管理效率进行评价，发现组织结构设计不合理、人力资本冗余以及持续创新能力不足已成为制约企业知识管理效率 DEA 无效的关键要素。

此外，为有效提升指标权值的准确性而促进管理效率评价结果的合理

---

① M. R. Staat and M. Hammerschmidt, "Product Performance Evaluation – A Super – efficiency Model," *International Journal of Business Performance Management* 7（2005）：304 – 319.

② 王维国、刘丰：《考虑环境变量的网络 DEA 模型》，《统计研究》2016 年第 3 期，第 86 ~ 95 页。

③ 韩姣杰等：《基于互惠偏好的多主体参与项目团队合作行为》，《系统管理学报》2012 年第 1 期，第 111 ~ 119 页。

④ M. Mostafa, "Modeling the Efficiency of GCC Banks: A Data Envelopment Analysis Approach," *International Journal of Productivity & Performance Management* 7（2007）：623 – 643.

⑤ W. W. Cooper et al., "Data Envelopment Analysis," *Stata Journal* 2（2010）：267 – 280.

⑥ 蒋天颖、白志欣：《基于偏好 DEA 模型的企业知识管理效率评价研究》，《情报杂志》2012 年第 1 期，第 123 ~ 127 页。

性，任静①通过综合运用模糊自适应方法和可拓层次分析法（Extension Analytic Hierarchy Process，EAHP）分别确定指标的时间权值和计量权值，双权值法不仅提升了管理效率的定量化与精确化，而且可以作为对管理效率的预测计量方法为管理层提供决策依据；为应对企业管理效率的动态化过程，姜滨滨、匡海波②通过系统梳理企业管理效率在不同阶段的变动过程，提出管理效率以及管理有效性的动态测评方法，为提升组织的适应能力以及管理的科学性提供了重要的研究视角。M. D. P. B. Forero 等③从公共管理视角，运用动态交叉效率方法对 62 个国家的相关数据进行评价，发现国家的管理效率受国家管理机制有效性及运营效果影响较大，而机制的运转依赖于文化的认同。

3. 效率评价的相关研究

（1）指标体系

为有效判定区域自主管理效率的动态变化，欧忠辉、朱祖平④分别从区域自主创新的投入效率、产出效率、技术转移效率以及支撑效率 4 个层次构建了判定区域自主管理效率的评价指标体系，较为全面地反映了区域自主管理效率的整体态势与动态变化；针对当前学界关于自主管理效率的研究多集中在中观和宏观层次，而缺乏对自主创新人才微观层次管理效率的评价研究，王辉坡、邓立治⑤通过借鉴针对区域、产业、企业等层次的管理效率研究成果并将方法扩展至个体层次，构建了评价个体自主管理效率的指标体系和 DEA 模型，较为全面地分析了创新团队内部的成员个体效率与分维度效率；为应对组织传统绩效考评体系因缺乏整体性与效率性观念而导致绩效考评体系并不能很好地为组织战略服务，出现组织资源投入

---

① 任静：《基于 EAHP 与 D - S 证据理论的企业管理效率计量方法》，《管理评论》2016 年第 10 期，第 229 ~ 238 页。

② 姜滨滨、匡海波：《基于"效率 - 产出"的企业创新绩效评价——文献评述与概念框架》，《科研管理》2015 年第 3 期，第 71 ~ 78 页。

③ M. D. P. B. Forero et al.，"Cultural Determinants of Countries Management Efficiency：A Random Coefficients Stochastic Frontier Approach，" *Discussion Papers*（2010）.

④ 欧忠辉、朱祖平：《区域自主管理效率动态研究——基于总体离差平方和最大的动态评价方法》，中国管理科学学术年会，2014。

⑤ 王辉坡、邓立治：《自主创新人才管理效率评价模型研究——以大连船舶重工集团创新团队为例》，《科学学与科学技术管理》2011 年第 3 期，第 165 ~ 171 页。

与实际成果产出呈现明显脱节的情况，倪渊[①]分别运用平衡计分卡和因子分析方法识别影响组织绩效的显性指标和隐性指标，并结合 DEA 方法构建人力资源创新团队管理效率的绩效考评体系，充分发挥了平衡积分卡良好的动态适应性与全局性的优点，而又避免效率评价方法的不足，大力提升创新团队绩效评价的科学性；为有效解决虚拟科研创新团队合作效率困难的问题，张宝生等[②]分别以科研经费、研发设备、人力资源以及配套制度作为投入指标，而将合作深度、合作广度以及合作水平提升作为产出指标而构建了相应的指标评价体系，为阐述科研合作过程中的各种复杂关联提供了重要的借鉴。

另外，科研团队合作效率在某种程度上亦可用团队成员间知识共享的效率进行评价，知识共享效率因其多为内隐性的知识转移，并无显性化的指标进行测度，一直以来成为知识管理领域的研究重点和难点。G. S. Tian 等[③]构建了知识共享与转移的指标评价体系，并综合运用 AHP（Analytical Hierarchy Process）与模糊理论的相关方法测度知识共享的效率与知识转化路径。Y. Luo 等[④]为解决 DEA 指标选取过程中存在因选择工具、相关分析、输入输出分类地位导致指标选取不合理、指标体系不健全的问题，提出了一种基于 CVA 的效率评价指标选取新方法，可以有效避免主观因素的影响，提升结果的准确性。

（2）模型构建

为克服传统效率评价多采用指标度量而导致全面性不足、适用性不强的弊端，彭佑元、王婷[⑤]通过引入两个虚拟决策单元对传统 DEA 方法进行改进优化，创新性地提出将 TOPSIS 与 DEA 的整合优化模型，并对中国房

① 倪渊：《基于滞后非径向超效率 DEA 的高校科研效率评价研究》，《管理评论》2016 年第 11 期，第 85 ~ 94 页。
② 张宝生等：《虚拟科技创新团队科研合作效率的实证研究》，《科学学研究》2011 年第 7 期，第 1056 ~ 1063 页。
③ G. S. Tian et al., "Efficiency Evaluation Model of Power Transmission & Transformation Project Investment Based on AHP – Fuzzy Method," *Advanced Materials Research* 732（2013）：1303 – 1307.
④ Y. Luo et al., "Input/Output Indicator Selection for DEA Efficiency Evaluation: An Empirical Study of Chinese Commercial Banks," *Expert Systems with Applications* 1（2012）：1118 – 1123.
⑤ 彭佑元、王婷：《基于网络 DEA 的科技创新型企业投资效率评价分析》，《工业技术经济》2016 年第 1 期，第 83 ~ 91 页。

地产上市公司的投资效率进行分类测度，指出我国房地产上市企业的大量投资属于非效率行为，市场泡沫化严重；郭磊、刘志迎、周志翔[①]将 DEA 交叉效率模型应用到技术管理效率评价中，成功克服了传统 CCR 模型中只进行单纯自评和有效单元过多的问题，并通过构建技术创新投入产出转化简易模型，指出准确辨别技术效率差异的关键在于厘清技术创新的运行机制；为应对传统 DEA 方法多要求决策单元应该具备同等投入产出特性而导致相关决策结论具有一定的局限性问题，李磊等[②]将外部环境变量以及其他非自由处置变量引入生产系统的效率评价中，构建了考虑生产系统流程的三阶段半参数效率评价模型，为提升流程生产效率与管理决策的科学性提供了重要的思路；为应对标准 DEA 方法侧重于指标内评价而缺乏外部相关评价的不足，孙钰等[③]通过整合被评价单元间的竞合与中立三层次博弈关系，通过构建基于二次目标函数的 DEA 交叉效率模型，巧妙地将内部单元自评与外部单元他评予以结合；针对交叉效率评价方法可能存在多解且学界给出激进型模型与仁慈型模型在具体的应用情境下存在选择困难的问题，李春好等[④]借鉴 TOPSIS 方法中的理想点构造方法，通过构建基于理想决策单元参照求解的 DEA 交叉效率评价模型较好地解决了该难题，该方法能更好地坚持 DEA 最有利于被评价决策单元的基本思想。

而已有研究成果多集中在串联或并联等单形式的效率评价，而社会需求的多元化以及效率提升的迫切化，现在更多采用的是混联结构的生产系统，为应对混联结构生产效率评价方法较为缺乏的情况，夏琼等[⑤]通过融合串并联生产系统 DEA 效率模型的研究成果以及把握混联生产系统特征的基础上，构建了混联生产系统的 DEA 效率评价模型，能科学地评价混联生

① 郭磊等：《基于 DEA 交叉效率模型的区域技术管理效率评价研究》，《科学学与科学技术管理》2011 年第 11 期，第 138~143 页。
② 李磊等：《考虑环境因素的三阶段半参数效率评价模型与实证研究》，《中国管理科学》2012 年第 2 期，第 107~113 页。
③ 孙钰等：《基于 DEA 交叉效率模型的城市公共基础设施经济效益评价》，《中国软科学》2015 年第 1 期，第 172~183 页。
④ 李春好等：《基于理想决策单元参照求解策略的 DEA 交叉效率评价模型》，《中国管理科学》2015 年第 2 期，第 116~122 页。
⑤ 夏琼等：《两阶段混联生产系统的 DEA 效率评价模型》，《系统管理学报》2012 年第 1 期，第 1~5 页。

产系统的技术效率。同时，混联生产亦与创新团队多主体协同创新具有较强的相似性，关于该方法是否适用于创新团队多主体协同管理效率的评价仍有待进一步探索。

（3）评价方法

为有效应对传统效率评价方法存在的忽略评价系统内部组织结构、高估效率指数的弊端，赵萌[①]通过加入评价时间维度对已有并联决策单元DEA效率评价方法进行改进优化，提出在综合考虑并联决策单元内部复杂结构的动态DEA方法；为有效应对因评价信息不全面而使决策结果不准确的问题，J. I. Ruiz和I. Sirvent[②]综合运用模糊集与DEA的相关理论，提出一种基于可能性的模糊交叉效率评价方法，并分别针对仁慈型和攻击型的模糊集提出了备用权重的最适用条件；赵增耀、章小波、沈能[③]在运用价值链理论以及创新阶段性的基础上构建了基于非合作博弈的区域管理效率评价方法，对中国区域协同创新的知识创新、产品创新及其整体创新进行多维度测算，为提升区域协同创新能力提供了重要的决策参考。

为有效应对传统期刊绩效评价过程中多侧重"自评"模式而忽略外部"他评"导致的主观性较大、结果不准确的问题，李琳等[④]在合作博弈分析框架指导下，整合DEA与保证域博弈交叉效率的方法对中国17家代表性科技核心学术期刊的投入产出效率进行综合测评，大大提升了评价结果的科学性，指明了期刊的水平与改进方向，为学术期刊以及学术界发展提供了重要的对策；张启平等[⑤]将自评互评问题转化为群体决策问题，将决策单元视为"专家"，提出整合决策单元交叉效率的自适应群体评价方法，通过该方法进行群体决策可以更加合理地确定各评价单元的权重系数并去

---

① 赵萌：《中国制造业生产效率评价：基于并联决策单元的动态DEA方法》，《系统工程理论与实践》2012年第6期，第1251～1260页。

② J. L. Ruiz and I. Sirvent, "Fuzzy Cross – efficiency Evaluation: A Possibility Approach," *Fuzzy Optimization & Decision Making* 16 (2016): 1 – 16.

③ 赵增耀等：《区域协同管理效率的多维溢出效应》，《中国工业经济》2015年第1期，第32～44页。

④ 李琳等：《基于DEA/AR博弈交叉效率方法的学术期刊评价研究》，《管理科学学报》2016年第4期，第118～126页。

⑤ 张启平等：《决策单元交叉效率的自适应群评价方法》，《中国管理科学》2014年第11期，第62～71页。

除平均化的弊端，得到相对准确的决策单元效率有效性分值与顺序，提升决策单元与专家群体决策结果的一致性。同时，为有效应对过去大多数关于效率评价成果缺乏统计属性的检验，宋马林等[①]通过分析 DEA 评价结果的期望产出与非期望产出的差异性，提出一种考虑非期望产出和结果统计属性的 DEA 产出最小二乘估计的环境效率评价方法，提升评价结果的实际效用，大大推进了运筹学与统计学的跨学科融合发展。

此外，D. Wu 等[②]为解决 DEA 交叉效率评价模型结果不是 Pareto 最优而降低方法的有效性，提出了一种综合帕累托最优估计模型和帕累托交叉效率改进模型的基于帕累托改进的交叉效率评估方法，使得评价结果更加全面、有效；黄宗盛、胡培、聂佳佳[③]通过借鉴离差最大法来确定各决策单元的权重值，依据决策单元分度大小而赋予不同的权重值，权重值的合理性有利于提升对交叉模型的评价效率，解决交叉效率最终效率为平均效率的弊端，使评价结果更加科学合理；而针对交叉效率评价方法可能存在着多解的问题，且学界给出的进取型权重与仁慈型权重的方法与决策单元个体意愿相违背的状况，杨锋等[④]从评价不同个体行为倾向的角度出发，提出运用成员间竞合 DEA 交叉效率评价方法，能更准确地判定不同主体之间的竞争合作行为的博弈关系，提升群决策结果的科学性；为弥补因缺乏定性方法对效率评价结果的影响，Wu 等[⑤]针对资源约束对效率评价决策单元的影响，开发出一种创新的定量方法解决资源约束下产出导向 DEA 绩效评估问题，可以允许确定最大输入减少和节约资源来实现性能提升。

4. 相关研究述评与展望

通过对上文相关研究成果的系统阐述可以看出，国内外学者已分别就

---

① 宋马林等：《环境效率评价方法的统计属性分析及其实例》，《管理科学学报》2013 年第 7 期，第 45 ~ 54 页。

② J. Wu et al., "DEA Aross – efficiency Evaluation Based on Pareto Improvement," *European Journal of Operational Research* 2（2015）：571 – 579.

③ 黄宗盛等：《基于离差最大化的交叉效率评价方法》，《运筹与管理》2012 年第 6 期，第 177 ~ 181 页。

④ 杨锋等：《同时考虑决策单元竞争与合作关系的 DEA 交叉效率评价方法》，《系统工程理论与实践》2011 年第 1 期，第 92 ~ 98 页。

⑤ D. Wu et al., "Efficiency Evaluation Model with Constraint Resource：An Application to Banking Operations," *Journal of the Operational Research Society* 1（2014）：14 – 22.

"创新团队""管理效率""效率评价"等主题进行了较为深入系统的研究，相关研究成果亦层出不穷，为我们更加深刻地认知创新团队系统内部复杂属性及运作机理提供了多维度的参照视角。但遗憾的是，纵观现有研究成果，鲜有学者在把握创新团队固有性质的基础上意识到对创新团队管理效率进行研究的重要性，不同组织结构的创新团队因合作模式、能力结构、集体意识、责权义务等方面的不同而在实际合作过程中管理效率呈现出较大差异性，在同等资源投入、人员配置情况下，因成员角色意识错位、任务分配不合理以及资源利用效率不高等问题使得创新团队实际科研产出却千差万别。如何探究不同类型创新团队管理效率的内涵与外延，并有针对性提升创新团队管理效率的评价方法，在很大程度上可以有效提升组织成员的积极性以及组织整体绩效，成为组织长期持续发展的关键动力。需要指出的是，团队管理效率研究的相关成果却相对匮乏，这主要体现在：第一，团队合作流于形式、团队领导者多倾向外部项目申报而对内部管理效率关注较少。第二，团队科研成果的实际贡献价值较为有限。尽管国家近年持续加大科技投入，但以团队形式产出的科研成果要么质量不高，要么实际转换率较低，现实贡献价值极为有限，这在很大程度上偏离了国家政策初衷。第三，团队生命周期普遍较短。创新团队成员是以项目为载体，以利益为纽带而开展合作，因缺乏对创新团队成员合作情况进行有效管理，对合作的管理效率进行系统测度与改进，使得项目结束后维持团队沟通的组织文化影响力较为有限，由此导致组织持续创新能力不足，生命周期普遍较短。第四，现有研究成果的视角多从组织整体或成员个体的单一视角、外显层次对创新团队效率进行评价研究，尚未考虑到多角度、内隐层次进行全面探索性研究，这在很大程度上阻碍了创新团队管理效率评价的合理性、普适性。基于以上分析，我们认为关于创新团队管理效率的研究趋势主要集中于以下几个方面。

（1）在把握创新团队固有特质的基础上测度团队管理效率

创新团队因其合作主体多样、环境不确定性以及任务多样性等现实情况，存在着成员关系灵活、集成创新性强、不确定性程度高等特质，对管理效率进行评价必须考虑到团队特质才能提升其结果的科学性、管理的有效性。其原因在于：其一，创新团队一般由知名教授、博导、工程师、博士、硕士等高级人才构成，成员之间不仅存在着管理与被管理的上下级关系，而且还存在着指导与被指导的师徒关系，某些成员在肩负着创新团队工作任务的同时还可能承担着其他科研或行政工作。其二，创新团队内部成员在研究领域、研究专长、研究资源等方面既是相互独立的又是彼此互补的，而只有通过管理创新并在有效激励团队成员合作积极性的条件下，才可能实现各种创新资源的充分整合与优化配置，通过管理效率的评价明晰团队管理的不足及改进之处，提升创新团队管理质效。因此，从微观层面看，构建科学合理的创新团队管理效率评价模型与优化方法，提升团队管理的柔性化和人性化，不仅有利于提高创新团队成员个体工作效率、保证团队整体合作效果，而且还有利于引领创新团队科学研究未来的探索方向、丰富该领域定量研究方法的理论体系，故具有重要的现实意义与理论意义。

（2）根据不同类型的创新团队给出相应的效率内涵界定与评价方法

创新团队不同区域、不同行业、不同企业的性质以及研究重点，可能会具有不同的类型，有的可能采用传统层级式的组织结构，有的可能为适应项目合作的需求采用临时性的工作组式的组织结构，而有的也可能为适应内外部环境而采取网络型组织结构，以提升组织的柔性程度和适应能力。现实生活中的创新团队合作模式形式多样，但主要是以这三种为主，且层式、工作组及网络型创新团队呈现出组织结构的复杂性、职能的完整性、角色的多重性的递进结构层次。为此，不同组织形式的创新团队的管理效率在内涵上可能不一致，需要根据组织结构的差异以及管理需求的多样化对创新团队管理效率的内涵以及评价方法灵活地予以调整，以提升评价方法的科学性，保障管理效率评价结果的合理性。基于创新团队成员在资源利用、角色感知以及任务执行等方面的差异性对创新团队管理效率具有重要影响，为此，我们分别从团队能力视角、组织公民行为视角以及资源观视角分析团队成员能力差异、角色外行为以及资源利用效率对创新团队管理效率进行评价研究。

（3）积极开展跨学科交叉性研究，强化管理效率评价方法的整合优化

当前国内外学者对不同行业的管理效率进行了多维度评价，且对效率评价的方式依旧是以数据包络分析方法为主，虽然根据不同行业、不同研

究对象对该方法进行了适度的改进与优化,但核心思想依旧是通过研究对象的投入产出关系以测量相关效率,但应该注意的是,创新团队性质的投入产出关系非常复杂,针对时间、精力以及其他内隐性投入要素是很难准确通过具体的数值予以量化,而创新团队项目完成后获得的社会名誉、自我满足感等隐性成就也无法客观地予以精确测度,创新团队内部不同个体的需求具有较大差异化,仅通过显性指标来测算管理效率可能具有较大的误差。为此,可以通过加强不同学科之间的研究,将创新团队管理同心理学、社会学以及其他人工智能领域的先进计算方法进行融合,利用心理学辨析不同主体的需求差异,利用人工智能算法提升创新团队内部管理问题计算的准确性,利用跨学科、跨层次研究以不断激发科研灵感,启迪创新思维,产出更多高水平科研成果。

（4）拓宽研究视角,提升管理效率评价的针对性

目前关于创新团队管理效率的评价多聚焦于组织整体视角以及员工个体行为,通过分析影响管理效率的相关因素沟通评价指标体系后采取针对性的评价方法。这种思路对组织常见的管理问题具有一定的指导,但对创新团队管理效率的评价从显性层面影响因素进行评价存在着不足之处,主要表现在:第一,创新团队成员多样性、知识异质性、文化多样性等特征是导致团队成员能力存在巨大差异的主要原因,针对不同能力的队员安排合理的工作可以有效提升创新团队的管理效率,但遗憾的是,经过检索发现目前基于团队能力视角来研究团队管理效率的相关研究极其匮乏,这在很大程度上限制了创新团队的和谐管理与持续发展;第二,创新团队管理的正常实施需要运用组织的资源,资源配置的效率与管理效率具有密切的关系,如何合理运用资源的激励作用、提升资源配置效率而提升团队管理效率,是需要进一步探索的问题;第三,创新团队整体绩效的提升仅依靠团队成员履行个体职责是远远不够的,创新团队整体能力以及发展更需要组织成员具有责任意识与风险精神,将个人前途与组织发展有机结合起来,这需要采取有效的激励措施以激发创新团队的组织公民行为;为此,我们认为,未来可以从团队能力、资源观以及组织公民行为等视角探索创新团队管理效率的提升途径,对丰富创新团队的理论体系,提升创新团队的管理效率具有重要的理论与现实意义。

综上所述，国内外学者虽然分别针对创新团队及其管理效率等进行了多维度的探索研究，但对创新团队管理效率进行综合研究的相关研究方法较为传统，研究视角相对集中，研究成果相对匮乏，由此导致创新团队管理混乱、高水平科研成果稀缺、团队持续发展能力有限。鉴于此，本书通过整合国内外有关创新团队管理效率的相关研究成果，在深度把握创新团队固有特质的基础上，拓宽研究视野，对已有方法进行融合优化，改进传统效率评价方法以提升其实用性，能够为提升创新团队管理质效以及团队可持续发展提供思路与方法，为此，本书具有较强的研究重要性与必要性。

四　研究内容与研究逻辑

1. 研究内容

为提升创新团队合作质效，产出高水平科研成果，提高科研成果的价值、提升其实际贡献率以及现实转化率，使科研成果由传统的理论导向转变为现实需求导向，克服创新团队成员合作过程中出现的多种弊端，必须提升创新团队管理水平以及管理效率。为辨析不同类型创新团队管理效率的内涵差异，分别从层式型创新团队、工作组型创新团队以及网络型创新团队三种主要组织结构形式进行分析，并考虑到创新团队合作过程中团队成员能力差异、成员角色认知以及资源整合效率对创新团队管理效率的影响，分别从团队能力视角、组织公民行为视角以及资源观视角分析创新团队管理效率内涵以及评价方法。为此，本书主要从以下章节开展相关研究。

第一章，绪论。首先，从国家相关政策导向、国际科技发展趋势以及团队建设过程中存在的复杂性难题三个层次系统化阐述本书研究的重要性、必要性，凸显出本书研究的现实价值。其次，通过从创新团队、管理效率、效率评价三个维度整体性梳理国内外学术界关于相关主体的研究成果，较为全面地厘清国内外研究的重点、难点，为本书研究奠定了坚实的理论基础，同时针对当前研究的不足之处提炼出本书研究的理论价值。在此基础上，明晰本书研究的目的、意义，归纳出主要的研究方向、研究方法。最后，对本书研究的主要内容进行简要阐述，绘制出论文研究的技术路线图，并总结出本书研究的主要创新点。

第二章，创新团队管理效率评价的相关理论基础。本章通过梳理国内外相关文献，在对创新团队内涵、特征以及类型进行分类阐述的基础上，结合创新团队成员关系灵活、集成创新性强、不确定性程度高等固有特征给出关于创新团队的内涵界定，并根据创新团队组织结构的差异划分为层式型创新团队、工作组型创新团队以及网络型创新团队，分别针对不同类型创新团队的组织架构以及差异化特征，提出了从团队能力、资源观以及组织公民行为三个视角对创新团队管理效率进行评价研究，将其管理效率进一步细分为结构效率、关系效率、融合效率，并整理国内外相关研究成果拓展了相关概念的认知深度、广度，为下文相关概念的界定以及评价方法的确定奠定了坚实的理论基础。

第三章，层式型创新团队的结构效率。本章为有效刻画层式型创新团队管理效率评价的结构化投入产出参数，引入团队能力视角的能力本体与功能对应分析策略，形成了针对其"角色倾向、技能匹配、任务协作"三方面特征的效率评价要素解析维度。在此基础上，通过挖掘效率形成、交互与转化过程中衍生的角色、技能与任务维度投入产出要素需求差异，提炼给出三种结构效率的评价概念，并创新性地融合 DEMATEL 方法与 DEA/AR 方法构建了能够整合要素复杂作用关联、反映偏好约束的结构效率综合评价模型。

第四章，工作组型创新团队的关系效率。为有效刻画工作组型创新团队管理效率评价的多性状微观投入产出参数，引入组织公民行为的泛化关联行为效应分析策略，形成了针对其灵活性强、机动性高和整体意识清晰三方面特征的效率评价要素解析维度。在此基础上，通过挖掘任务属性、合作周期与创新不确定性对任务、角色及其交互的复杂影响，提炼给出交叉效率、汇聚效率和平行效率三种关系效率评价概念，并创新性地融合 ANP 方法与 DEA 方法构建了能够探析关系效率形成、提取与测度的系统评价方法。案例应用结果表明，以上所提出的理论及方法有效、可行，对深化认知创新型组织管理效率评价内涵、针对性地梳理投入产出要素和关联、增强结论参考价值，具有一定的实践指导意义。

第五章，网络型创新团队的融合效率。为有效解析网络型创新团队融合效率的动态特征，引入能够解析融合效率动态不确定性的资源观视角，整合资源融合过程中信息不对称产生的信任问题、团队不同时期的信任类型和团队所需资源的差异性，形成针对其灵活适应强、不确定性程度高和任务技能角色组合多样特征的融合效率三维度解析框架。在此基础上，提炼网络型创新团队资源融合过程、团队生命周期、信任演变三维度之间的耦合关系，给出用以表征不同融合效应的"放大型、稳定型、削减型"三种融合效率内涵，构建了包含专家决策信息能够实现网络型创新团队未来资源融合效率动态评价的 MAGDM – DEA 方法。案例分析结果表明，该评价方法有效、可行，对于认知该类型创新团队三维度之间的耦合关系、提高团队远期管理效率、指导团队管理策略调整具有一定的实践指导价值。

第六章，面向某烟草企业团队的多维不确定效率关系整合评价。为了在一定程度上面向多类型团队实现综合效率评价，在此针对多类型效率导向关联的不确定效率关系整合问题提出了一种探索评价方案。选定云南某烟草公司创新团队作为案例研究对象对前文提出的效率评价方法进行尝试性融合应用，选取来自该公司的 11 个创新团队，结合前文对三种类型创新团队的研究选出 9 个评价要素，应用能够有效应对复杂情景下多维效率内涵提取、转换与融合需求的 ANP – DEA 方法对案例团队的管理效率进行综合评价，并在对结果进行针对性分析的基础上给出提高案例创新团队微观管理效率并构建团队和谐管理机制的完善对策。

第七章，结论与展望。本章主要综合上文论述，分别从层式型创新团队结构效率、工作组型创新团队的关系效率以及网络型创新团队的融合效率三个层次对相关概念的界定融合效率评价方法的构建思路以及实施步骤等方面的主要结论进行了简要阐述，提炼出本书的主要结论。另外，针对本书研究在相关方面的不足之处进行了详细叙述，以期为往后研究者确定关于创新团队管理效率评价研究方向与研究方法提供一定的参考。

2. 研究逻辑

创新团队类型的多样化为团队微观管理效率的评价增加了阻碍。在此情况下，考虑到创新过程实质上是不同技能、不同背景和不同专业团队成员的知识共享和协作交流过程，国内外众多学者对创新团队的类型在组织结构层面进行了划分，划分依据的是社会系统学派创始人巴纳德在组织信息传递方式方面的理解。综合现有的研究成果，创新团队在这种导向下可以划分为层式型（第三章研究内容）、工作组型（第四章研究内容）和网络型（第五章研究内容），而不同类型的创新团队并无优劣之分，都具有各自的特征、优点和缺点。本书针对不同类型团队展开深入系统的效率评价研究，具有如下研究逻辑。

（1）本书研究主题既不是团队绩效问题也不是团队治理成效问题，同时与传统的经济效率评价也有所不同，研究的是因纯粹的管理投入所带来的团队效率改变即创新团队微观管理效率评价。

（2）三种创新团队类型的研究是逐渐复杂的过程，现实中可能并行存在多种团队类型属性。层式型创新团队是垂直金字塔式的层级管理，工作组型创新团队是局部的交叉管理，网络型创新团队是全局的交叉管理。本书开展分类评价的目的在于增强同种类型团队管理效率评价的系统性与可比性，同时为了增进多类型共存的一般情况，在案例应用中采取了"整合评价"方法，力求通过高层级评价内涵统一多类型间的效率差异与潜在导向。

（3）三种创新团队类型研究的是针对其不同特征的效率问题。层式型创新团队具有明显的效率结构化属性，结构组合繁杂多样，因此研究的是结构效率问题；工作组型创新团队是具有显著"攻关"特色的一类团队，其内部的横向协调以及与不同工作组之间的竞争合作更具"小集体"姿态，因此工作组型创新团队的管理效率主要体现在团队的关系效率方面；网络型创新团队是具有显著"融合"特色的一类团队，融合结构动态多变，因此研究的是融合效率问题。

（4）三种团队类型的不同效率分别采取针对性的评价方法。层式型创新团队中创新性地融合 DEMATEL 方法与 DEA/AR 方法构建了能够整合结构效率影响要素数量、种类与关系复杂作用关联、反映偏好约束的结构效率综合评价模型。工作组型创新团队中创新性地融合 ANP 方法与 DEA 方法构建了能够有效应对复杂情境下要素关联辨别、探析关系效率形成、提取与测度的综合评价模型。网络型创新团队中构建了包含专家决策信息能够实现网络型创新团队未来资源融合效率动态评价的 MAGDM – DEA 方法。

（5）三种团队类型解决的是团队不同层面的问题，是逐渐全面的过程。层式型创新团队着眼于团队的日常运作问题；工作组型创新团队研究的是团队协作攻关问题；而网络型创新团队则主要研究团队面向未来的问题即远期指标对预期效率的影响。

（6）本书研究关注的为一般化的创新团队，既可以是高校创新团队也可以是企业创新团队，在团队所属研究领域方面并无区别，即并未将指标差异作为本书的着眼点，而力求从评价内涵与过程的一致性层面提升效率解读的有效性。基于这种认识，本书第六章是在结合作者实践经验和前文研究基础上选择的企业创新团队案例应用，其中既有研究型的团队、也有承担具体运作职能的团队，具备一般化案例研究的特性。诚然，高校和企业的创新团队在管理风格和人员配备方面存在明显的文化差异，但不能因此否认文化差异并不是某个层面效率比较的决定性因素，比如同一高校内的不同学科中，工科、理科和文科虽然具有文化差异但面向学校整体发展而言是具备效率可比性的，本书选择案例的出发点即是如此。本书关注的团队效率是在更高层面发现其相似之处找到合理视角实现效率的横向可比性，是在相对范围内的公平合理性评价，因此本书研究具有普适性，既适用于高校，也适用于企业或科研院所。

基于上文对本书主要研究内容和研究逻辑的详细阐述，总结提炼相关研究内容与研究方法，绘制出本书的研究技术路线图，如图 1-1 所示。

五 研究创新点

本书以创新团队管理效率在评价视角、评价理论和评价方法的创新需求为导向，提出了一套用于团队微观效率评价的系统思路和方法，创新点主要体现在以下三个方面。

1. 提出三种形式的创新团队管理效率内涵，具有评价视角创新性

首先，面向层式型创新团队的角色结构、技能结构和任务结构三维度的效率作用关联，提出三种结构效率内涵即角色结构效率、技能结构效率和任务结构效率三种类型，为明晰结构效率影响要素间的复杂作用机理奠定基础；其次，面向工作组型创新团队中团队合作者间的交互支撑、共同

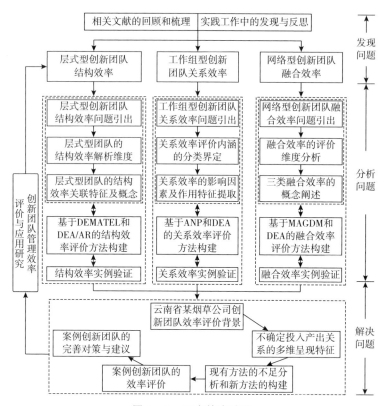

图 1-1 研究技术路线

创造与平行推进三种工作状态，提出三种关系效率内涵即交叉关系效率、汇聚关系效率和平行关系效率三种类型，并给出相应于三种效率的螺旋任务、串联任务和并联任务的管理启示；最后，面向网络型创新团队中资源融合、团队发展与信任演变三维度影响下网络型创新团队资源融合效应的趋势，提出三种融合效率内涵即放大型融合效率、稳定型融合效率和削减型融合效率，为更好地辨识网络型创新团队融合效率动态性、复杂性，更加系统地评价融合效率提供清晰的框架思路。基于以上探索，本书研究具有较强的研究视角创新性。

2. 分别关注三类团队效率涌现过程及特征给出相应的效率解析框架，具有评价理论和解析维度创新性

首先，在层式型创新团队中结合团队效率评价、能力管理的相关进展及其存在的结构化辨识和评价问题，将层式结构分为角色结构、技能结构和任务结构三个维度，引入有助于辨识和整合结构不同维度的团队能力视角，能够有效刻画层式型创新团队管理效率评价的结构化投入产出参数；其次，在工作组型创新团队中结合团队面临的任务、角色及其交互状态的互依性，提炼出公民组织行为管理有效性、协作沟通有效性与资源处置有效性三个解析维度，引入能够泛化关联行为的组织公民行为视角，可以有效刻画工作组型创新团队管理效率评价的多性状微观投入产出参数；最后，在网络型创新团队中结合资源观视角及其相关效应，转换信息不对称产生的信任问题、团队不同时期的信任类型和团队所需资源的差异性，将这三者创新性地纳入一个整体框架作为融合效率的三个维度，能够有效刻画网络型创新团队管理效率评价的动态化投入产出参数。基于以上探索，本书研究具有较强的评价理论创新性。

3. 结合三类团队的效率内涵解析情景及其效率涌现特征分别构建了相应的效率评价模型，具有评价方法的组合应用创新性

首先，为探索层式型创新团队结构效率的整体评价机制，引入能够有效辨析复杂网络化作用关系的 DEMATEL 方法，可以在融入决策者主观偏好的基础上，辨析团队结构效率指标间的复杂影响关系，并以此作为 DEA/AR 方法赋予输入输出指标权重的依据，进而得出更具过程差异性实践解读价值的结论；其次，为系统性、结构性和包容性的评价工作组型团队的关系效率多性状微观投入产出参数，引入能够有效应对复杂情境下要素关联辨别与影响幅度测定的 ANP 方法，依据得到的团队关系效率要素权重分布选取 DEA 输入输出的指标，进而得出更具"绩效评测"导向价值的结论；最后，为实现对网络型创新团队融合效率动态性的评价，引入能够整合多元评价信息的多属性群体决策方法，将通过专家一致度判定的评价信息集结为 DEA 方法的输入输出数据，提出了能够对远期管理效率做出合理性评价的方法，并通过案例应用检验了方法的有效性及可行性。基于以上探索，本书研究具有较强的方法组合应用创新性。

第二章

创新团队管理效率评价的相关理论基础

一 创新团队的相关概念界定

1. 创新团队的概念

关于创新团队概念界定的前提是需要了解有关团队的定义，最早提出团队定义的学者是美国的乔恩·卡岑巴赫（Jon R. Katzenbach）[1]，他在1993 年出版的著作《团队的智慧》中将团队定义为"由少数技能互补，愿意为实现共同目标、业绩以及方法而相互承担责任的人们组成的群体"。由此定义可以看出，组建团队的关键要素主要包括：人数适度、技能互补、目标一致、方法明确、责任意识以及有意义的目的。目前，学界对创新团队开展了多样化的探索性研究，但不同学者受限于专业知识、行业背景、文化传统、思维方式等的差异性而对创新团队的相关定义给出了各具特色的阐述。其中，国内学者陈春花结合科研团队的性质，将科研团队定义为"以科学研究与技术开发为主要内容，由为数不多、技能互补、愿意为共同科研目的、科研目标和工作方法而相互承担责任的科研人员组成的群体"[2]。该定义与卡岑巴赫关于团队的定义具有较大的相似性，只是将研究内容与科学研究或技术开发研究结合起来，而这正是科研团队区别于一般团队的本质所在。T. Hellstrom 等[3]则从创新团队成员知识共享角度对其

---

① 卡岑巴赫：《团队的智慧》，经济科学出版社，1999。
② 陈春花：《科研团队运作管理》，科学出版社，2004。
③ T. Hellstrom et al., "Guiding Innovation Socially and Cognitively: The Innovation Team Model at Skanova Networks," *European Journal of Innovation Management* 3 (2002): 172 - 180.

进行研究，将创新团队定义为"成员在执行团队任务的过程中，通过促进成员间知识共享、转移，不断集成知识力量而开展创新活动的团队形式"。而 Chattopadhyay[1] 则注意到创新团队的知识密集型群体的特征，指出创新团队是以知识为基础，由具有不同专长技能的专家学者组成，专家通过整合内外部相关主体的信息资源进行科学决策和自我管理的组织结构。

此外，亦有学者将创新团队行业特征结合起来给出具体类型的创新团队定义。例如，在高校创新团队方面，张忻、詹浩、韩争胜[2]将科研团队与高校特征相结合，通过承袭卡岑巴赫和陈春花的相关定义，指出高校科研创新团队应该是以高校教师为主要研究群体、以产出科学知识为主要内容的研发群体，体现出了高校创新团队的特色。此外，克里斯·哈里斯[3]将高校创新团队界定为"由专业技能互补、年龄层次合理的国内外优秀中青年科学家为学术带头人和科研骨干，在自由的工作环境和创新性的环境条件下借助高校科研平台，整合多部门、多学科的资源要素共同开展研究，不断产出高水平科研成果，提升其实际应用价值，以实现共同的目标"；杨相玉、孙效敏[4]将高校科研团队定义为以国际科技发展趋势为依据，通过整合团队内外部资源要素共同开展科学研究而产出高水平原创性科研成果。同时强调在创新团队内部应该确立明确、稳定且特色鲜明的研究方向，成员之间应该技能多样、优势互补，通过打破传统等级式管理模式，营造平等、互信、民主的学术氛围，不断提升创新团队科研成果质效。

针对企业科研团队，J. Kratzer[5] 则从企业科研团队视角指出 R&D 团队的主要任务应该聚焦于新产品的开发以及已有技术工艺的改进与优化，通

---

① P. Chattopadhyay, *Post – capitalist Society*：*A Marxian Portrait*（Marx's Associated Mode of Production, Palgrave Macmillan US, 2016）.

② 张忻等：《高校创新团队持续创新能力形成机理》，《科技进步与对策》2016 年第 3 期，第 139～145 页。

③ 克里斯·哈里斯：《构建创新团队》，经济管理出版社，2005。

④ 杨相玉、孙效敏：《知识共享多层次化对团队创新力相关性研究》，《科学管理研究》2016年第 5 期，第 13～16 页。

⑤ J. Kratzer, "Managing Creative Team Performance in Virtual Environments," *Journal of Technovation* 26（2006）：42 – 49.

过不断提升企业项目运作管理能力，整合企业内外部资源，加强成员间的沟通与协作，不断提升科研团队协同创新水平；张小晖[①]将企业创新团队定义为"为实现企业具体的创新目标，在企业高层领导层的支持下，通过突破组织部门显性界限而筛选技能互补、创新意愿强、愿意承担共同责任的高素质创新人员组成的真实群体"。该定义与高校创新团队具有一定的相似性，但也体现出其独特之处。例如，他意识到企业领导层支持和打破组织界限的重要性，选择合适的人才而不是体制性人才。而且，企业创新团队强调成员的创新意愿以及高素质创新，体现了其对创新本质的把握，体现了全面性和合理性。同时，企业创新团队成员因其创新意识强烈，具有较强的自我实现需求，成员在合作过程中可能会出现各种形式的冲突，如何平衡创新自由与适度监管之间的关系，促使创新团队成员的工作动态性与稳健性发展，提升创新成果的实际贡献和管理质效，具有重要的现实意义。

根据上述定义侧重点不同可以看出，科研团队与研发团队虽然含义类似但定位不同，科研团队的目标定位主要聚焦于基础理论型的研究成果，而研发团队则侧重于开发新产品或改进技术工艺，科研团队大多出现在高校、研究所等科研机构从事理论性研究，且研发团队多在企业内部从事应用型成果研究。鉴于两种类型的创新团队仅属于产业链中的某个环节，尚未满足现实社会发展过程中创新活动的系统集成要求，为此，二者知识创新团队的初级形式，没有充分体现出创新团队与科研团队的区别之处。其原因在于：科研团队是面向科研项目以科学技术研究与开发为内容、以科研创新为目的，由为数不多的专业技能互补、愿意为共同的科研目的、致力于共同的科研目标和工作方法，并且拥有团队精神的、相互承担责任的科研人员组成的群体；而现有研究仅从成员性质、依托载体、目标导向方面注意到了与科研团队的类似之处，并没有认识到创新团队所特有的成员关系灵活、集成创新性强、不确定性程度高的本质特征。

综合上述学者关于创新团队的定义，我们认为，创新团队是为实现特

---

① 张小晖：《企业创新团队知识学习机理与模式研究》，硕士学位论文，武汉理工大学，2012。

定目标以重大科研项目或创新平台为依托由优秀中青年科研人才凝聚而成的创新研究群体，是科研学术组织中维持学科固有关系、顺应现代学科发展趋势的一种新型人才组织模式。同时，鉴于高校创新团队、企业创新团队以及科研院所等不同组织类型或行业属性的创新团队内部都存在着管理效率问题，本书并不局限于对某一类特定创新团队管理效率进行研究，而侧重研究不同组织结构创新团队管理效率问题，分析创新团队内部成员能力结构、角色行为感知以及资源利用效率等方面的差异性，在对三种创新团队类型，即层式型创新团队、工作组型创新团队以及网络型创新团队管理效率的不同内涵进行分类界定的基础上提出针对性的管理效率评价方法。

2. 创新团队的特征

通过上述关于创新团队的定义可知，学者们对创新团队开展了多维度的探索性研究，因研究需求差异而对创新团队的定义、内涵等尚未形成统一的认识，由此导致目前关于创新团队的特征众说纷纭。例如，陈丝璐、张安富[1]认为，科技创新团队具有研究目标相同、人员结构合理、管理机制科学、交流合作频繁等特征；高虹、王济干[2]指出，科技创新团队具有创新的使命性、团队的独立性、目标定位的战略性、领军者地位的核心性、团队运行的系统性等本质特征；罗瑾琏等[3]通过实证分析指出科技创新团队具有开放性、非平衡性、非线性等自组织特征；而现有研究仅从成员性质、依托载体、目标导向方面注意到了创新团队与科研团队的类似之处，并没有认识到创新团队所特有的成员关系灵活、集成创新性强、不确定程度高的本质特征。高校创新团队的概念和特征是在科技创新团队的基础上引申和发展起来的，区别之处仅在于高校创新团队的研究对象被限定于高等院校范围之内。通过整合学者们已有研究成果，结合本书研究对象的属性，我们认为，创新团队具有如下特征。

（1）目标的明确性。创新团队的组建是为实现组织的特定目标，为

---

① 陈丝璐、张安富：《高校科研团队创新型人才培养之管见》，《科学管理研究》2016年第1期，第93～96页。

② 高虹、王济干：《基于内容分析法的创新团队内涵解析》，《科技管理研究》2014年第10期，第87～94页。

③ 罗瑾琏等：《个体创造力的跨层次影响因素：个体目标取向与团队自省》，《科技进步与对策》2016年第4期，第138～143页。

此，在团队组建之初就应该明确组织的目标，并根据创新团队的具体目标确定相应的研究方向，根据研究方向筛选合适的人才组成团队。为此，团队目标一定要具有明确性、具体性、可实现性、挑战性等特征，同时还应明确目标是聚焦于开展应用型研究还是基础性研究，针对不同类型的研究整合组织内外部资源，筛选专长技能互补的人才围绕某一方向或多方向开展综合性研究，促进学科间交互融合发展。

（2）成员的异质性。创新团队成员是由不同学科、不同专长技能甚至不同区域的成员所组成。创新团队组建的目标是为了通过整合内外部资源而解决某些现实社会发展过程中的具体问题，鉴于问题的复杂性、环境的不确定性需要综合不同专长技能、知识结构、年龄层次、职务结构的人员共同组成创新团队，团队的异质性可以保证组织资源的多元化以及发展的持续性，提升解决现实问题的能力。

（3）成员关系的灵活性。创新团队是由不同专长技能、知识结构的高素质人员组成的群体，团队的日常管理及运营虽然有明确的规章制度进行约束，但创新团队成员的主要任务是进行科学性的探索研究，这就需要摒弃传统组织结构过程中明显的等级制管理模式，打破常规硬性约束的管理制度，通过倡导自由、开放、民主的学术研究氛围与工作方式，激发创新团队成员的内在潜力，积极促进创新团队成员之间的知识共享、知识转移以及知识转化效率。

（4）不确定程度高。创新团队由于其组织成员的多样性、成员间知识的差异性、问题的复杂性以及内外部环境的不确定性，应用型创新团队会在任务执行过程中由于多种不确定性因素而导致任务进度滞后或提前，而研发型创新团队在研究过程中会因为结果的不确定性而承担巨大风险。创新团队正是为应对以上不确定性而组建的，成员之间更迭变换、研究课题成果产出甚至团队生命周期都存在很大的不确定性，如何有效地应对不确定性，促进创新团队持续、稳定、健康地发展，具有重要的理论与现实意义。

3. 创新团队的类型

创新团队因不同领域、不同行业、不同企业的研究重点有所差异而具有不同的形式，根据不同的标准亦可分为不同的类型。而针对创新团队组织结构差异，许成磊和梁建、刘兆鹏①等将创新团队分为层式结构、层式—职能结构、工作组制以及矩阵结构，这是目前较为普遍的分类方法，大多数新型科研团队都是以此为基础并结合行业属性进行适当变更。且这 4 种创新团队类型具有一定程度的交叉，为提升本书研究的相对普适性，下文将主要对层式结构、工作组结构以及网络结构（矩阵）3 种创新团队类型进行系统化阐述，并简要说明几种新型的创新团队类型。

（1）层式型创新团队

层式型创新团队是指在不同的任务情境下，具有不同技能的团队成员依据角色需要，遵循由上而下的直线型结构的任务划分和技能配置，实现统一指挥和管理的规范化、结构性创新研究群体。层式型创新团队具有层级明确、统一管理、无重叠、决策执行效率高的显著优势，因此其广泛存在于各企业、高校和科研院所中的常规任务执行团队中，具有重要的研究价值。在层式型创新团队中，通常采取单一或多层链型管理模式，项目负责人拥有绝对职权，团队成员只对其直接上级负责，自行完成各自的任务和职能，互不交叉。由于层式型创新团队内部不仅存在不同明晰程度的上下级结构、师徒间的并联结构以及认知层次并存的主体间结构，而且还存在着角色形成/交互/转换结构、技能互补/异质/配置结构、任务的串联/并联/混合结构、沟通的上行和下行结构等客体间的差异化结构，因此层式型创新团队具有明显的效率结构化属性，结构组合繁杂多样。

基于上述认知，显然层式团队的管理情景下，团队的结构亦即团队成员的特征总和，层式型创新团队的管理效率集中体现为其结构所映射的运行效率。鉴于一般意义上的管理效率即指在一定的技术和投入条件下，各种管理资源（人力、物力、财力）所能带来的单位绩效水平，因此层式团队的管理效率具有因"结构"的不同基础、状态、前景而更迭的独特属性，而如何针对该特性评价层式团队的管理效率也已成为近年来研究的重

---

① 梁建、刘兆鹏：《团队建言结构：概念、前因及其对团队创新的影响》，《中国人力资源开发》2016 年第 5 期，第 6～15 页。

点难点问题。考虑到层式型创新团队较适用于研究方向明确、角色定位准确且项目成员技能完备的管理情境，因此在任务结构、角色结构、技能结构三种维度交互影响的情境下，其效率评价的难点在于效率的结构化辨识、提取与整合测度。纵观国内外学者对创新团队效率评价相关问题的研究进展，除 A. Drachzahavy 和 A. Somech[①] 探析了角色、技能、任务与组织绩效的作用关联以外，迄今未见能够有效刻画和辨识效率结构的相关报道，因此探究契合层式型创新团队特征的结构化效率解析视角与整合评价方法，是本书的出发点、立足点与主要创新点。

（2）工作组型创新团队

工作组型创新团队特指将各个职能部门中涉及某一具体研究方向或研究项目的成员集中在一个工作组内而形成的独立工作群体。作为具有显著"攻关"特色的一类团队，"独立团"广泛存在于大中型高校、科研院所和企业创新团队之中，属于团队化科研的中坚力量，其优势是灵活性强、机动性高、整体意识清晰。在工作组型创新团队中，项目（或研究方向）负责人对各自的工作组全权负责，与高层管理者的纵向沟通便捷，且工作组内部的横向协调以及与不同工作组之间的竞争合作更具"小集体"姿态。同时，由于该类型团队较适用于研究方向明确、技术理论与研究范式成熟、团队合作经验丰富的管理情景，因此在任务属性、合作周期与创新不确定性等维度的交互影响下，能否有效评价并激发不同成员间的协作效率，已经成为衡量其技术突破能力的重要指标。

然而，由于工作组型创新团队多为针对某一具体研究而采用临时拼凑而组成的，团队成员因特定利益而开展合作，并未形成凝聚力强的团队文化，持续发展能力不强。同时，工作组型的成员多来自不同学科，成员具有不同的知识结构、思维方式、价值导向，群体异质性较为明显，由此导致虽然成员个体能力突出，但实际合作过程中可能会因沟通交流不顺畅而影响群体智慧的发挥，为此，在工作组型创新团队中需要领导者具有较高

---

① A. Drachzahavy and A. Somech, "Understanding Team Innovation: The Role of Team Processes and Structure," *Group Dynamics Theory Research & Practice* 2（2001）: 111 – 123.

的组织协调能力和领导艺术，通过协调不同合作主体的关系而提升创新团队整体绩效。为此，对此类团队管理效率的评价主要应侧重于群体成员间的关系和谐程度，成员间的和谐关系直接影响到成员间的合作效果、成果产出的质量以及创新团队的整体竞争能力。

（3）网络型创新团队

网络型创新团队是指组织内或跨组织间具有核心地位的少数团队，排除层次等级、组织边界和地区局限，依据项目研究的角色、技能与任务需要，打破地区封锁，克服专业技能的局限性，通过实现对外围研究子团队的选择、控制与统筹等功能，来保障既定研究目标实现或控制预期研究优势的创新型研究群体。网络型创新团队是在传统矩阵式创新团队和职能式创新团队基础上发展起来的一种更为复杂，更为系统的创新团队形式。矩阵式创新团队是平面式的创新团队，是层式职能创新团队与工作组型创新团队的有机结合，突出表现在某一成员需要同时受到上级关于日常工作的指派同时又要接受项目组负责人的指派，即接受双头领导。该种模式可以使创新团队成员扩大知识面，得到多个领导的指点与调教，快速提升自身专业能力，且合作方式灵活多变，知识和信息流动速率较快，在很大程度上能激发创新团队成员的创造力。而网络型创新团队则考虑到不同形式矩阵团队间的复杂关联，该类团队能够灵活地融合不同技能、专业知识与背景项目成员的优势资源，因此在团队发展稳定期与转型期更具管理优势，可以透过技能互补、协同合作、信任沟通等长效机制的建立完善，有效降低内外合作成本，控制潜在收益。作为稳定研究型组织中存在最为广泛的一种团队类型，网络型团队具有层式职能型团队与工作组团队的共同优势，特点是成员可依据项目需要自由流动、自行组织或解散，且知识与信息的网状交流易于发生，有利于成员间创新思想的激发与共享。同时，由于其机动性强、灵活性高的特征，网络型创新团队目前普遍存在于对创新性要求较高、需要多学科横向协作的联合研究群体中，面临更加复杂的资源融合问题，因此解析评价该类型团队的融合效率具有重要的研究价值。

（4）其他类型创新团队

除以上三种较为普遍的创新团队类型外，目前国内外学者鉴于时代需求和环境变化对创新团队的类型进行了进一步扩展研究，其中 L. J. Gressgard[①]提出了一种跨区域、跨领域、跨时空的新型科研合作模式——虚拟科研创新团队。它是指在互联网环境下，通过运用现代通信技术与高新科技集成全世界不同领域的知识和技能互补的专家学者的智力资源，组成远程临时性的团队共同完成特定科研任务。这种团队组织形式强调技术支撑，克服地域限制，打破组织显性边界，成为跨国企业科研组织重要的合作模式，具有较强的发展前景。王晓红、张宝生、陈浩对虚拟科技创新团队的定义从目标一致、优势互补、资源共享等方面进行了进一步细化，并对其成员选择问题给出了相应的决策方法，丰富了虚拟科技创新团队的理论体系。然而值得注意的是，虽然虚拟创新团队具有良好的发展前景以及比较优势，但虚拟性质的创新团队在合作过程中亦存在着较大风险，成果如何分配、风险如何管控等问题对合作的有效性与持续性具有重要的影响，仍需进一步深入探索研究。

在跨地域方面，段万春等[②]将科技创新团队跨区域、多主体的特征与西部地区发展过程中的人才流失问题相联系，提出了外智引联型创新团队的新型合作模式，即在不改变外部优秀人才与原单位劳务关系的基础上，通过积极借助项目合作的方式，整合中东部优秀人才或科研单位与西部高校创新团队的人才进行科研合作，共同解决西部地区现实发展难题。这种模式较好地集成了西部地区与中东部人才资源，实现优势互补，具有较好的实践应用价值。在跨学科方面，王兴元、姬志恒[③]将跨学科交叉创新团队定义为"由具有共同创新目标的两个或两个以上的跨学科或专业的学者通过相互协作、协同攻关并承担共同责任而组成的群体"。这种创新团队模式区别于一般创新团队的最主要特质是：团队成员具有更高的异质性、成员之间知识互补、创新性目标相对更高。

---

① Leif Jarle Gressgard, "Virtual Team Collaboration and Innovation in Organizations," *Team Performance Management* 1/2 （2011）：102 – 119.

② 段万春等：《外智引联型创新团队研究述评与发展动态分析》，《科技进步与对策》2016年第10期，第154~160页。

③ 王兴元、姬志恒：《跨学科创新团队知识异质性与绩效关系研究》，《科研管理》2013年第3期，第14~22页。

二　创新团队管理效率研究视角

1. 团队能力视角

一般意义上的团队结构主要被理解为团队组织结构，包括常规正式组织中存在的人员、职能、业务等具体管理模块，但创新团队（特别是层式团队）的组织结构在结构完备性及边界可融合性方面存在差异。其中，结构完备性是指，组织为承担或实现一定管理功能、绩效应具备的全部相关人员、职能和业务内容，表现为结构维度、要素种类、要素数量与关联等方面系统性；边界可融合性是指，反映团队结构内涵要求的各类要素集合间所具有的功能、绩效与影响的可交互属性。这种差异内涵具体表现为层式型创新团队的人员数量少（人员角色关联复杂）、职能形式有限（职能杂合程度高）、业务形式简单（业务创新要求高）。由于层式团队在人员、职能、业务等方面呈现突出的"缺口"、"交互"与"融合"特性，因此团队绩效水平集中体现为创新能力和资源的融合水平，即团队能力视角下"能力本体与能力功能的统一"。借鉴这一研究视角，可知层式团队的能力本体即为团队成员、角色结构、成员异质性、共同任务目标等资源组成的系统，团队能力功能即为团队融合运用资源系统从事某些任务以实现团队目标的能力。鉴于团队能力视角对整合资源系统、梳理系统结构具有重要意义，目前已有部分学者针对个别团队管理维度开展了初步研究。例如：晋琳琳等[1]发现高校科研团队创新能力的内部影响因素有目标任务的明确性和团队内梯队（包括角色结构的合理配置、技能结构的异质互补）的合理性等；严素梅等[2]引入复杂系统理论、知识管理理论对团队能力的研究表明，团队能力跃进系统是其角色结构、技能结构等主体因素与外界环境相互作用的结果；马一博[3]运用马兹罗的创新理论对创新能力进行分类，

---

[1]　晋琳琳等：《家长式领导对科研团队创新绩效影响：一项跨层次研究》，《科研管理》2016年第7期，第107～116页。

[2]　严素梅等：《团队创新能力评价的多维复合模型》，《情报学报》2016年第10期，第1072～1080页。

[3]　马一博：《经管类研究生创新能力评价研究》，硕士学位论文，哈尔滨工程大学，2010。

并运用灰色聚类评价方法对研究生创新能力进行了定量化分析。分析以上进展可知，团队能力作为团队资源三维度相交融合的纽带，是角色结构、技能结构、任务结构相互作用后的结果表现形式，是实现团队绩效定量化系统测评的一个有效切入点。因此将团队能力的解析思维引入层式类型创新团队的结构效率评价，系统化定量化融合结构效率的三个不同维度，有助于应对现有研究忽视层式团队结构特性的研究局限，能够借助对效率的结构化辨识和梳理，有效刻画该类型团队的结构效率内涵并促成评价方法创新。

2. 组织公民行为视角

组织公民行为（Organizational Citizenship Behavior，OCB）是组织行为学领域的重要理论之一，它强调采取激励性的措施以诱导群体成员在完成本职工作的同时，发挥其角色外的作用，提升成员的责任感和奉献精神。这种角色外行为并不一定能获取直接的经济利益与社会地位，只是个人主动性、自愿性行为。组织公民行为是群体成员自愿的个体行为，普遍存在于多成员组成的创新型研究群体中，对转换管理情景、塑造管理风格和调节管理矛盾具有重要意义。

目前国内外诸多学者已对组织公民行为进行了多维度研究，其中，刘朝等[1]通过分析不同领导风格与团队内部情绪劳动与成员组织公民行为的关系，指出创新团队领导应该加强与成员深度沟通，了解员工的差异化需求，采用灵活的管理方式和激励方式以争取员工认同，激发成员的组织公民行为；高中华、赵晨[2]通过社会认知理论从组织整体层次与领导层次提出要加强组织文化建设，通过诱导领导认同与成员内聚行为而提升成员的组织公民行为；林声洙、杨百寅[3]通过对比中韩企业家长式领导、组织支持感与组织公民行为之间的复杂关系，提出要适度运用家长式管理，通过把握家长式管理的尺度并不断加强组织支持，使成员感受到其在组织中的

① 刘朝等：《领导风格、情绪劳动与组织公民行为的关系研究——基于服务型企业的调查数据》，《中国软科学》2014 年第 3 期，第 119~134 页。
② 高中华、赵晨：《服务型领导如何唤醒下属的组织公民行为？——社会认同理论的分析》，《经济管理》2014 年第 6 期，第 147~157 页。
③ 林声洙、杨百寅：《中韩家长式领导与组织支持感及组织公民行为之间关系的比较研究》，《管理世界》2014 年第 3 期，第 182~183 页。

重要性，更有利于激发组织公民行为；Y. Zhang 等①从员工自主性、领导认同与组织支持三个维度研究变革性领导与组织公民行为的关系，指出并不是所有变革性领导方式都可以激发团队成员的组织公民行为；R. Kumar和 A. Goel②分析了组织公民行为的本质、发展历程以及影响因素，为厘清组织公民行为的复杂内涵，并采取合理的方法激发成员的组织公民行为具有重要的作用；D. T. Donavan 等③从员工的视角分析组织公民行为，指出团队成员组织公民行为的激发应该要赋予成员灵活的角色定义，在遵循组织基本原则的基础上通过提供灵活性的工作时间和自由的工作氛围，来提升团队成员的组织公民行为；J. A. Lepine 等④运用多层次分析方法，对团队成员组织公民行为的影响因素进行分析，从工作满意度、组织承诺、组织公平、责任意识以及领导支持几个方面提出衡量组织公民行为的标准，为定性化测度组织公民行为提供了多维度的参照视角。但由于以上维度影响因素众多其实际解读效果较差。例如，针对成员工作满意度的定量化指标尚不完备，不同行业、不同企业、不同类型员工的员工满意度千差万别，这就需要运用权变思想对组织公民行为进行灵活运用。

基于以上分析可知，尽管组织公民行为尚未获得组织正式、系统、直接或明确的报酬与奖励，但无形中培养了组织成员的责任意识与集体意识，提升了组织认同感、文化凝聚力，并有利于提升组织的整体管理水平。另外，创新团队内部多主体性的特点以及影响因素的复杂性、多变性，使得对成员间的关系效率进行评价具有较大的难度，创新团队的关系效率与不同领导风格下超越员工角色的组织公民行为有着错综复杂的交互性影响关系。基于这种分析路径并结合团队成员的固有特质，可以将工作

---

① Y. Zhang and C. C. Chen, "Developmental Leadership and Organizational Citizenship Behavior: Mediating Effects of Self-determination, Supervisor Identification, and Organizational Identification," *Leadership Quarterly* 4 (2013): 534-543.

② R. Kumar and A. Goel, "Organizational Citizenship Behavior: Its Nature, Antecedents, and Consequences," *Personnel Psychology* 2 (2006): 484-487.

③ D. T. Donavan et al., "Internal Benefits of Service-Worker Customer Orientation: Job Satisfaction, Commitment, and Organizational Citizenship Behaviors," *Journal of Marketing* 1 (2013): 128-146.

④ J. A. Lepine et al., "The Nature and Dimensionality of Organizational Citizenship Behavior: A Critical Review and Meta-analysis," *Journal of Applied Psychology* 1 (2002): 52-65.

组类型创新团队的成员间协作效率划分为任务效率和关系效率两个维度。其中，前者是与科研流程、资源、品质等密切相关的直接攻关活动，迄今有关团队绩效评价的内容主要围绕该维度开展研究；后者是与技能互补、沟通合作、学习共享等密切相关的间接攻关软环境，能够为团队内的泛社会化沟通起到链接、协整与润滑的作用，而目前尚未见基于该视角对团队关系效率评价的报道。鉴于此，将组织公民行为的解析思维引入工作组型团队的关系效率评价，有助于应对现有研究仅关注合作内容本身的研究局限，能够借助多层次的成员角色内外行为选择及状态判定，有效刻画该类型团队的关系效率内涵并促成评价方法的创新。

3. 资源观视角

资源基础观（Resource Based View，RBV）是战略管理领域的一种重要理论，其基本思想是把企业视为资源的融合体，企业通过不断重构其资源基础，确保其满足融合效率的趋势演进要求，来适应外部环境的不确定性并形成持久的竞争优势，对解析融合效率的动态不确定性、未来性和复杂性具有重要研究意义。

目前学者们针对资源观对相关问题进行了多维度分析研究，其中，K. Lee 和 N. J. Allen[1] 从资源观视角分析企业的竞争能力，认为企业成员所拥有的资源可以提升企业绩效，但领导者的资源获取、整合、优化能力是企业生命周期的决定力量；杨善林等[2] 基于资源观分析互联网发展过程中的资源要素，指出利用互联网与其他产业联动发展，可以实现产业结构调整与优化升级；寿柯炎、魏江[3] 通过整合传统资源观与社会网络理论的相关方法提出了网络资源观的概念，并基于网络资源观视角系统梳理网络型组织间的复杂关系网络、网络资源与资本要素，为深化网络型组织认知水平提供了大量有益借鉴。而郑小勇、魏江[4] 则从资源观的结构性视角和跨

---

① K. Lee and N. J. Allen, "Organizational Citizenship Behavior and Workplace Deviance: The Role of Affect and Cognitions," *Journal of Applied Psychology* 1 (2002): 131.

② 杨善林等:《互联网的资源观》,《管理科学学报》2016 年第 1 期, 第 1 ~ 11 页。

③ 寿柯炎、魏江:《网络资源观:组织间关系网络研究的新视角》,《情报杂志》2015 年第 9 期, 第 163 ~ 169 页。

④ 郑小勇、魏江:《商业集团从属企业双重资源获取与成长绩效的关联机理——基于资源观的结构性观点和跨层次研究》,《技术经济》2016 年第 3 期, 第 1 ~ 10 页。

层次理论对企业内外部资源获取与企业绩效之间的复杂关联进行研究，提出企业的发展与资源获取与整合能力呈现显著正相关关系；C. E. Helfat 和 M. A. Peteraf[①] 依据动态资源观视角分析能力周期概念，指出能力会随着时间的变化和组织发展阶段而呈现出不同状态，为此要促进组织持续发展，需要不断提升组织资本积累、发展能力以及维持能力，积极获取内外部资源为组织目标服务；为解决传统关于组织联盟合作过程中多基于交易成本理论而缺乏对资源互补产生收益的考量，M. Wade 和 J. Hulland[②] 从资源观视角分析组织战略联盟的影响因素，指出组织要选择资源互补、优势共享的成员共同组成战略联盟，发挥资源整合优势，形成社会效应；E. K. Valentin[③] 将 SWOT 分析法和资源观相结合，分析企业战略制定与产品生产过程中的决策问题，进一步拓展了资源观的研究视野与应用范围，促进了学科间的交叉融合；P. M. Wright 等[④] 从资源观视角分析企业资源观与人力资源战略管理间的关系，指出组织最重要的资源就是人力资源，组织长期发展依赖于高素质、高忠诚、能力强、责任意识高的成员。

　　基于资源观，网络型创新团队可视作各种资源的融合体，通过策略性或战略性选调具有不同技能、不同专业知识和背景的成员，以推动资源共享、建立临时秩序、增进相互协作的形式共同完成任务。由于合作过程中存在地位不对等、预期不一致、信息不对称等"非协调"状态，因此团队成员间普遍存在不平等关系，而这将导致合作过程中出现信任差异问题。此外，信任是不断演变的，通过促进成员间的资源共享和知识协同，可以不断提升团队沟通开放性，降低监督和融合成本，最终改善团队效率。然而，针对团队发展周期的研究也表明，即使团队成员间存在资源互补，相互信任基础上的高效率也很难产生。这种"群体沟通互动模式和团队效率

① C. E. Helfat and M. A. Peteraf, "The Dynamic Resource – Based View: Capability Lifecycles," *Strategic Management Journal* 10 (2003): 997 – 1010.

② M. Wade and J. Hulland, "Review: The Resource – Based View and Information Systems Research: Review, Extension, and Suggestions for Future Research," *MIS Quarterly* 1 (2004): 107 – 142.

③ E. K. Valentin, "Swot Analysis from a Resource – Based View," *Journal of Marketing Theory & Practice* 2 (2015): 54 – 69.

④ P. M. Wright et al., "Human Resources and the Resource Based View of the Firm," *Journal of Management* 6 (2001): 701 – 721.

具有匹配性差异"现象，表明局部的高融合状态并不确定能得到高效率，低融合状态也可能因"合作周期"问题而得到相对高效率，因此团队的发展阶段、成员间的信任度、资源融合有效性三者是相互交叉影响的。基于上述思考，本书将资源观的解析思维引入网络型创新团队的融合效率评价，可以同时考虑资源观与成员间的信任、团队生命周期对效率的连带作用，有助于应对现有研究仅关注当期效率的研究局限，能够借助资源异质性的重构、融合效应趋势的判定、不同团队时期的特征和信任的演变，有效刻画该类型团队的融合效率内涵并促成评价方法的创新。

三 创新团队管理效率内涵与评价方法

1. 创新团队管理效率的内涵

广义层面，效率评价是指产品、服务或管理效果的量与质的变化（产出）与实施项目所投入的资源之间的比较评价，即每提供单位资源所产生的符合质量要求的服务量。该范畴下，创新团队的效率评价即指团队单位人才、经费、管理及相关资源投入下的创新成果、经济社会效益与关联影响力的产出水平。迄今，虽然国内外学者对创新团队绩效评价相关问题开展了初步探索，但未能有效刻画团队管理效率的多性状微观投入产出参数（某些要素互为投入产出属性），未从评价的系统性、结构性和包容性三个层面有效挖掘团队管理效率的评价内涵。作者前期研究表明，创新团队具有成员关系灵活、集成创新性强、不确定程度高的固有特征，因此探析契合创新团队特征及存在、发展需求的管理视角及效率形成、提取与测度机制，是目前创新团队效率评价研究的突破点。

目前，部分学者对创新团队的管理效率进行了研究。其中，贾佳、潘云涛、马峥[①]基于文献计量学视角分别从团队成果产出、产出效率以及成果影响力三个维度系统评价科研团队创新能力，提出多科研团队进行效率评价时需综合考虑创新团队的不同类型以及生命周期。基于现有成果，本

---

① 贾佳等：《基于文献计量的科研团队创新能力评价要素研究》，《科技管理研究》2016年第10期，第35~38页。

书将创新团队分为层式型创新团队、工作组型创新团队以及网络型创新团队，并针对不同类型的创新团队将其管理效率分为结构效率、关系效率以及融合效率三个维度，分别构建针对性的方法对其进行评价。下文将详细介绍结构效率、关系效率以及融合效率的相关内涵。

（1）结构效率

通常而言，团队结构主要指团队成员的性别结构、年龄结构、性格结构以及能力结构等方面。而创新团队结构效率通常与组织结构模式密切相关，效率要求评价对象系统内部具有明显的层级结构属性，通过对结构效率进行评价可以有效辨析影响系统发展的关键要素，有针对性地进行组织变革以提升系统的整体运行效率。而明显的层次结构正是层式型创新团队的显著特征。组织结构设计最早要追溯至亚当·斯密的《国富论》中著名的劳动分工理论，专业化的劳动分工需要通过灵活的组织结构予以规范化管理，组织结构的效率通常需要采用组织变革的方式予以提升，组织变革又可能改变原有工作方式，对成员产生巨大的冲击也可能存在着一定的组织变革风险。为此，组织结构效率在某种程度上成为评价组织变革有效性的重要标准和选择不同组织结构模式的关键依据。同时，他指出传统有关组织结构效率的测度多采用组织绩效等显性化、易测度的定量化标准对组织结构效率进行评价，忽视了组织成员中人的关键影响。伴随着社会发展，组织成员具有更强的自我实现意识，成员创造性与积极性对组织整体绩效的重要影响日益凸显，在此基础上，G. Jogaratnam 等[①]通过深入分析个体对组织结构及组织绩效的影响作用，指出对组织效率的评估仅考虑成果产出而忽略管理成本是不科学的，需要积极加强组织的沟通与协调，强化内部监控以节省管理成本，促进管理效率的提升。伴随着社会的持续发展，环境不确定性、顾客需求多样性、市场需求动态性等特征使得企业不仅注重组织结构的变革，而且对于企业各个生产经营过程中的结构也进行了分析与优化，在追求规模化生产的同时更加强调时间经济，重视时间机制，为此流程再造的组织变革模式成为提升组织结构效率的又一重要形式。

---

① G. Jogaratnam and E. C. Tse, "Entrepreneurial Orientation and the Structuring of Organizations: Performance Evidence from the Asian Hotel Industry," *International Journal of Contemporary Hospitality Management* 6（2006）：454 – 468.

通过检索国内外关于结构效率的相关研究成果发现，目前关于结构效率的评价多运用于区域经济、产业组织、企业变革等宏观和中观层次，通过分析区域经济发展过程中不合理或发展缓慢的行业，采取有针对性的扶持与整合策略以提升区域经济的整体发展。其中，钟娜[①]基于产业结构效率研究视角，运用并联结构网络 DEA 模型测度 30 个代表性行政省区的三大产业结构效率，在对比分析不同省区的整体效率、产业效率及资源配置效率的基础上提出了相应的对策建议；孙正[②]通过运用数据包络分析方法设计 3 个投入指标和 4 个产出指标对山东省产业结构效率进行评价研究，并从提升本地资本的利用率、构建产业联动发展机制、推进产业结构转型升级等视角提出了相应的对策建议；王仓、唐新林[③]通过运用偏离－份额法（Shift－Share）测度秦皇岛市产业结构效率的演化规律，指出工业发展水平较低是影响秦皇岛经济腾飞的关键要素，在此基础上提出加强工业立市、生态经济以及产业联动集群发展的策略；杨飞虎、伍琴[④]运用 DEA－Malmquist 指数方法结合面板数据对我国公共区域投资的结构效率进行测度，在明晰省域间综合效率的基础上分别测度东中西部的经济效率，据此提出相应的发展策略；谢建辉[⑤]运用结构效率测量模型对我国制造业内部结构的整体效率进行了评价分析，并从行业分布和地区分布上分析制造业结构效率的问题。

而创新团队内部因主体多样性、知识结构差异性等特征而呈现出较为明显的结构性特征，创新团队成员一般是由博导、硕导、讲师、博士硕士研究生、企业外部人员等不同主体构成，成员之间呈现出有层次、无层次以及交叉层次三种类型的组织结构。当前创新团队较多采用隐性层次的合

① 钟娜：《基于网络 DEA 的产业结构效率评价》，硕士学位论文，中国科学技术大学，2011。
② 孙正：《基于 DEA 视角的产业结构效率研究——以山东为例》，《现代管理科学》2014 年第 7 期，第 82～84 页。
③ 王仓、唐新林：《松散耦合视角下的高校组织结构效率研究——以学工系统为例》，《中国成人教育》2016 年第 20 期，第 56～60 页。
④ 杨飞虎、伍琴：《我国公共投资区域结构效率探析》，《经济问题探索》2014 年第 7 期，第 8～15 页。
⑤ 谢建辉：《基于 DEA 和 StoNED 的两阶段网络结构效率分析研究》，博士学位论文，中国科学技术大学，2016。

作模式，创新团队结构效率较多出现在层式型创新团队内部，高校学术创新团队的高质量产出与管理效率的提升需要通过科学的设计组织结构，灵活地运用组织管理幅度与管理层次的优势，保障团队的高效运行；李南等①分析了网络型团队的复杂特性，通过分析影响团队局部效率和集聚系数的相关指标，进而构建了团队中枢结构的效率模型，并提出团队网络结构运行效率的优化路径。

在评价方法层面，杜娟②运用 DEA 理论的基本框架，对决策单元重要性排序问题及两阶段网络结构下的综合效率及相应分解效率进行了评价研究；樊维、王新红、冯套柱③运用 DEA 方法对高等院校、科研机构以及企业研发机构三类科研主体的投资结构效率进行评价分析，研究发现高等院校 R&D 效率最高，企业 R&D 效率有效，而科研机构 R&D 效率无效，这说明科研投入并不是研发效率高低的决定性因素。

通过以上分析可知，创新团队结构优化首先应该培育认同感强的组织文化及团队核心价值观，提升团队成员的组织认同感、团队凝聚力；其次，应注重领导艺术的发挥，针对不同发展阶段、不同类型的创新团队采取柔性化、人性化、动态化的管理策略，发挥领导艺术的管理效率；最后，创新团队结构效率与成员规模密切相关，许治等④指出团队规模与合作网络密度、合作强度、合作成效等具有重要的联系，通过选择知识结构合理的团队成员并控制团队规模，才能发挥群体管理效率。

（2）关系效率

关系效率是衡量多主体合作过程中不同主体之间合作的和谐程度对合作成果产出的影响程度，它是一个较为抽象的名词。通过以关系效率为关键词进行检索发现，目前对于关系效率的研究多侧重于经济领域中某因素

---

① 李南等：《团队中枢节点的效率模型》，《数学的实践与认识》2009 年第 3 期，第 7 ~ 11 页。
② 杜娟：《基于 DEA 理论的排序研究以及两阶段网络结构效率研究》，博士学位论文，中国科学技术大学，2010。
③ 樊维等：《三大研发主体 R&D 投资结构效率比较分析》，《西安科技大学学报》2011 年第 2 期，第 241 ~ 247 页。
④ 许治等：《高校科研团队合作程度影响因素研究》，《科研管理》2015 年第 5 期，第 149 ~ 161 页。

与经济或产业发展的关系研究，但对二者之间关系效率的评价研究方法却极其匮乏，为此下文将通过分析关于不同研究对象间的效率关系研究总结出关于创新团队关系效率的评价方法。

目前学界对关系效率的定义尚未有明确界定，但相关研究成果已经非常丰富。其中，在经济学领域，Y. Altunbas 等①通过分析欧洲银行的资本、风险与管理有效性之间的关系，发现资本的多少与管理有效性关系并不显著，而风险意识对管理有效性具有明显的刺激作用。为此，组织的管理者需要具备风险意识，不断提升组织的管理水平与创新意识。

在公司治理方面。马春爱、韩新华②从企业生命周期视角研究财务弹性与投资效率之间的复杂关系，发现财务弹性对投资效率的影响存在着一定的滞后期，二者呈现出较为明显的倒 U 形关系；丁重、邓可斌③通过运用差分中差异 DID 并结合面板数据回归技术对企业政治管理与管理效率之间的关系进行了分析，发现政治关联在某种程度上会使规模较大的企业管理效率降低。

在技术创新领域，刘恩初、李健英④运用随机前沿分析模型分析技术标准对企业管理效率的影响关系进行探讨，结论表明二者呈现出明显的正相关关系。刘志春、陈向东⑤运用超效率 DEA 对科技园区管理效率结果进行对比分析，通过面板回归分析创新生态水平与管理效率时滞之间的关系，发现在短期内，科技园区创新生态水平与管理效率之间呈现出明显的正相关关系，而 2 年以上的影响关系尚不明显。

在效率关联方面，王熹⑥从组织行为学视角的 5 个关键要素出发对网

---

① Y. Altunbas et al., "Examining the Relationships between Capital, Risk and Efficiency in European Banking," *European Financial Management* 1 (2007): 49 – 70.

② 马春爱、韩新华：《基于不同生命周期的财务弹性与投资效率关系》，《系统工程》2014 年第 9 期，第 35 ~ 41 页。

③ 丁重、邓可斌：《政治关系与管理效率：基于公司特质信息的研究》，《财经研究》2010 年第 10 期，第 85 ~ 100 页。

④ 刘恩初、李健英：《技术标准与技术管理效率关系实证研究——基于随机前沿模型》，《研究与发展管理》2014 年第 4 期，第 56 ~ 66 页。

⑤ 刘志春、陈向东：《科技园区创新生态系统与管理效率关系研究》，《科研管理》2015 年第 2 期，第 26 ~ 31 页。

⑥ 王熹：《网络组织成员间关系互动与网络组织运行效率的关系研究》，博士学位论文，天津大学，2011。

络组织成员间的关系互动与组织运行效率之间的关系进行研究。顾烨[①]指出科研资源配置相对于加大科研投入对科研产出具有更重要的作用，并通过分析科研资源配置方式与配置效率的关系，提出有利于提升我国科研资源配置效率的对策建议；杨丹、刘自敏、徐旭初[②]为应对传统 DEA 模型中可能存在的环境异质性、自评价效率不足的问题，通过分析不同类型合作社市场间的竞合关系，构建三阶段 DEA 交叉效率模型，为测度不同类型合作社的技术效率、合作程度提供了重要的借鉴。

黄琪[③]分别从信息中性与偏好、非均衡市场中的交易优劣势以及复合信息三个维度论述信息不对称与市场效率的关系；Andjeli 等分析了组织文化与组织绩效之间的关系，发现认同感强的组织文化可以有效凝聚成员的工作积极性和创造性，组织绩效的提升需要大力加强企业文化建设，通过组织文化的内聚效应提升管理效率。

（3）融合效率

融合效率一般是指测度组织结构不同层次以及不同主体间关系融合水平的程度，融合效率在一定程度上能体现出组织知识共享的氛围以及组织学习的水平，成为提升创新团队管理效率的重要途径。目前学界对融合效率的研究比较匮乏，尚未出现明确、统一的具体定义。而且通过以"融合效率"为关键词进行文献检索发现，目前关于融合效率的评价文章相对阙如，仅有的几篇亦未提出融合效率的内涵、性质及评价方法，这在很大程度上提升了本书研究的难度，我们不得不通过借鉴相近方法与内涵，提出创新团队融合效率的内涵及评价方法。目前学者对融合效率的研究主要是分析产业间的融合程度。其中，在产业融合方面，李长征[④]通过运用 DEA 方法对湖南省 2010～2014 年科技与金融的融合效率进行测度，研究发现二者融合效率偏低且技术无效，呈现出规模递减的趋势；张玉柯、胡继

① 顾烨：《科研资源配置方式与配置效率关系研究》，硕士学位论文，南京师范大学，2015。
② 杨丹等：《环境异质性、合作社交叉效率与合作关系识别》，《农业技术经济》2015 年第 3 期，第 33～45 页。
③ 黄琪：《信息不对称与市场效率的关系研究》，博士学位论文，山东大学，2014。
④ 李长征：《基于 DEA 方法的创新型湖南建设中的科技与金融的融合效率的评价》，《现代国企研究》2015 年第 14 期，第 146 页。

成①从技术效率视角探析中国工业化与信息化的融合效率问题，通过构建融合工业化与信息化特点的技术效率模型，较为系统地阐述了工业化与信息化融合过程中成本最小化与收益递增的观点。在此基础上，李宝玉、黄章树、陈翠萍②对制造业工业化与信息化融合水平与经济效率之间的关系进行分析并构建了测度企业两化融合水平的评价指标体系，并使用 MDEA 方法对具体案例企业的融合效率进行评价。然而，以上关于产业间融合效率评价的方法依旧是传统的投入产出法，忽略了在合作过程中对隐性投入与显性成果的关注，仅用产业融合广度判定两化融合水平而忽略融合深度，使得评价结果可能不够全面，相应的对策建议亦缺乏针对性。为此，张轶龙、崔强③将工业化与信息化融合程度定义为通过调整产业结构、革新技术力量、提升管理水平等方式不断促进工业化与信息化的融合协调发展所实现的融合程度，并在分析二者协同度影响因素的基础上从全要素融合视角构建两化融合效率的评价指标体系，运用仁慈型 DEA 交叉效率评价模型对二者融合效率进行评价。

由于融合效率是不同对象间融合程度的测度指标，涉及的影响因素纷繁复杂，需要综合考虑不同主体以及主体间的影响因素，并对现有传统效率评价方法根据对象的不同予以改进。其中，在算法方面，何炎雯④为解决医疗互联网中医疗数据融合及相关技术改进的问题，在考虑医疗互联网数据特殊性的基础上，提出考虑时间驱动影响的簇－树型数据融合算法 DFCTA；鲍必赛等⑤在分析多传感器二维特征对信息融合效率影响的基础上，提出一种基于特征分析并综合主成分分析与 MatPCA 方法优点的网络效率融合方法，对网络型创新团队融合效率的识别与评价具有重要的参考价值。

---

① 张玉柯、胡继成：《京津冀协同视域下金融发展与技术创新的融合效率》，《河北大学学报》（哲学社会科学版）2016 年第 6 期，第 41～48 页。

② 李宝玉等：《福建省制造企业信息化与工业化融合效率研究及实证》，《情报科学》2016 年第 7 期，第 102～107 页。

③ 张轶龙、崔强：《中国工业化与信息化融合评价研究》，《科研管理》2013 年第 4 期，第 43～49 页。

④ 何炎雯：《医疗物联网数据融合算法的研究》，硕士学位论文，杭州师范大学，2012。

⑤ 鲍必赛等：《基于二维特征矩阵的特征融合算法》，《浙江大学学报》（工学版）2012 年第 11 期，第 2081～2088 页。

　　而在某种程度上，创新团队融合效率可以通过成员间知识共享意愿、知识共享频率以及知识转移效果等方面予以测度，成员间知识共享可以促进成员知识结构的优化、创新思维的迸发以及创新成果的产出，事实上是创新团队有效融合的重要表现。而知识共享对信息依赖型较强，成员间信息不对称、信息不全面等都会产生冲突，影响团队融合效率；基于此，为解决 DS 证据理论在不确定环境下信息利用可能无法有效解决信息冲突的不足，朱培逸[①]提出运用加权证据距离的相关方法加强数据与信息的融合以提升其融合效率；张忻、王克勤、韩争胜[②]从成员吸引力、节点数量及协作程度等方面分析影响产学研协同创新知识融合程度并构建相应的评价模型，采取 SPSS 和 AMOS 对问卷调查数据进行实证分析，最后从知识获取能力、知识整合能力以及知识转移能力三个维度提出促进产学研协同创新系统知识融合的关键路径。

2. 创新团队管理效率的评价方法

　　目前学界关于效率评价的主流方法是数据包络分析方法（Data Envelopment Analysis，DEA），DEA 方法是由著名的运筹学家 A. Charnes 等于 1978 年第一次提出，并运用于评价部门间的效率问题，为此，第一个模型便以三人名字首字母命名为 CCR 模型，A. Charnes 等[③]，W. D. Cook 和 L. M. Seiford[④]。DEA 方法是一种用于评价多维评价指标结构的同质决策单元相关效率的非参数数学规划方法，通过计算多维评价指标而得到最优权重，可以有效解决因指标多为主观赋权对评价结果造成不确定性影响的问题，DEA 方法自提出后一直延续至今，成为效率评价的主要方法。此外，不同学者根据评价对象的差异对传统 DEA 方法进行改进优化，提出了 BCC DEA 模型、超效率 DEA 模型、加权性 DEA 模型等针对性更强的评价模型，并已在机构改革、产业发展、银行管理等不同领域进行运用。

---

①　朱培逸：《不确定信息的融合方法及其应用研究》，博士学位论文，江南大学，2013。

②　张忻等：《产学研协同创新中的知识融合影响因素研究》，《西北工业大学学报》（社会科学版）2015 年第 3 期，第 37～43 页。

③　A. Charnes et al., "Measuring the Efficiency of Decision Making Units," *European Journal of Operational Research* 6（1978）：429 – 444.

④　W. D. Cook and L. M. Seiford, "Data Envelopment Analysis（DEA）– Thirty Years On," *European Journal of Operational Research* 1（2009）：1 – 17.

考虑到创新团队与其他研究对象在性质上具有较大差别，需要对传统 DEA 方法进行改进以体现创新团队的特征，其中，鉴于下文对创新团队三种不同类型效率评价分别融入了决策实验室评价分析方法（Decision - making trail and Evaluation Laboratory，DEMATEL）、网络分析法（Analytic Network Process，ANP）以及多属性群决策方法（Multi - Attribute Group Decision Making，MAGDM），为此，本节分别对三种方法进行简要介绍，具体应用步骤请参照下文。

（1）决策实验室评价分析方法

决策实验室评价分析方法（DEMATEL）是由日内瓦巴特尔研究所于 20 世纪 70 年代率先提出，充分运用图论和矩阵的理论方法对复杂社会系统的相关影响因素进行分析，由此得出关键影响因素。通过运用 DEMA-TEL 方法可以辨析复杂系统内部相互关联问题的关键影响因素，相对于层次分析法，它并不要求系统内部各元素之间彼此独立或呈现出明显的因果关系，只需通过运用图论方法，在明晰系统内部因素逻辑关联的基础上构建直接影响矩阵，并计算出某因素对其他相关因素的影响度、被影响度以及每个因素对系统整体的中心度和原因度，由此可以识别影响系统发展的最关键要素，有针对性地提出相应的应对策略，提升管理决策依据的科学性。

通过梳理相关文献发现，目前学者已对 DEMATEL 方法开展了系统性研究，相关研究结论呈现出百花齐放的局面，无论从宏观层面的国家发展战略制定、中观层面区域经济发展关键影响因素分析或企业层面的运营管理、风险应对，甚至个体微观层面的情绪管理、创新能力等方面的评价分析都运用 DEMATEL 方法。参照文献 S. Hori 等[1]，Y. E. Naka[2]，T. Toyota 和 Y. Hide[3]。

---

[1] S. Hori et al., "Human Interface Design and Evaluation Method with Structural Analysis Method for Supervisory Control Systems," 4 (2001): 117 – 125.

[2] Y. E. Naka, Establishing of the Decision Support System for Shopping Based on Subjective Evaluation of User Induced by Objective Information (Master's Thesis, Japan Advanced Institute of Science and Technology, 2001).

[3] T. Toyota and Y. Hide, *The Method of Structure Model and its Application in Social Problem – Take the Secrete Event of the Atomic Electricity as an Example* (Memoir of Social Technology Research, Japanese, 2003), pp. 16 – 24.

目前 DEMATEL 方法的具体计算步骤如下：

步骤 1　确定影响因素。根据评价对象的特征，分析影响对象的主要因素，记为 $a_1,\ldots,a_n$，并构建相应的指标体系。

步骤 2　确定各因素间的影响关系。辨析系统不同因素间的复杂关联，并设定分层次的影响标准，邀请相关专家对各影响因素进行打分以确定系统各因素间的影响程度。

假设系统的直接影响矩阵为 $X(X = [x_{ij}]_{n\times n})$，

$$X = \begin{bmatrix} 0 & x_{12} & \cdots & x_{1n} \\ x_{21} & 0 & \cdots & x_{2n} \\ \vdots & \vdots & & \vdots \\ x_{n1} & x_{n2} & \cdots & 0 \end{bmatrix}$$

其中，因素 $x_{ij}(i = 1,\cdots,n; j = 1,\cdots,n, i \neq j)$ 表示因素 a_i 对因素 a_j 的直接影响程度，若 $i = j$，则 $x_{ij} = 0$。

步骤 3　规范化影响矩阵。为便于计算，对直接影响矩阵进行规范化处理，得到规范化直接影响矩阵 $G(G = [g_{ij}]_{n\times n})$。

$$G = \dfrac{1}{\max\limits_{1\leqslant i\leqslant n}\sum\limits_{j=1}^{n} x_{ij}}$$

另外，$0 \leqslant g_{ij} \leqslant 1$，并且 $\max\limits_{1\leqslant i\leqslant n}\sum\limits_{j=1}^{n} g_{ij} = 1$。

步骤 4　计算综合影响矩阵。计算系统影响因素间的综合影响矩阵 $T(T = [t_{ij}]_{n\times n})$，矩阵 T 的计算公式为 $T = G(I - G)^{-1}$，其中 I 为单位矩阵。

步骤 5　计算各因素的影响度和被影响度。对矩阵 T 中元素按行相加得到相应因素的影响度，对矩阵 T 中元素按列相加得到相应因素的被影响度，例如因素 $a_{ij}(i = 1,\cdots,n)$ 的影响度 f_i 和被影响度 e_i 的计算方式如下：

$$f_i = \sum_{i=1}^{n} t_{ij}, (i = 1,\cdots,n)$$

$$e_i = \sum_{j=1}^{n} t_{ji}, (i = 1,\cdots,n)$$

步骤 6　计算各因素的中心度与原因度。通过上式求得的系统因素影响度和被影响度而分别通过相加与相减求得中心度与原因度，例如因素 $a_i = (1, \cdots, n)$ 的中心度 m_i 和原因度 n_i 的计算公式如下：

$$m_i = f_i + e_i, (i = 1, \cdots, n)$$

$$n_i = f_i - e_i, (i = 1, \cdots, n)$$

步骤 7 得出关键要素。针对求得的中心度与原因度构建笛卡尔坐标系，并分别标注各因素在坐标系上的具体位置辨析关键要素，并有针对性地把握重点。

自从 DEMATEL 方法提出以后，DEMATEL 在关键因素辨析以及评价等领域得到了长足发展，应用范围越来越广泛，主要可以分为两类：

第一，将 DEMATEL 方法与其他方法进行融合优化。比如 M. N. Mokhtarian[①] 将模糊数学的方法与 DEMATEL 方法相结合提出了模糊 DEMATEL 方法，为应对不确定环境下关键因素辨析与评价提供了重要的借鉴方案；J. K. Chen 等[②]将 DEMATEL 方法与网络分析法和 TOPSIS 方法有效结合，用于解决不确定网络情境下的决策问题；张娴静等[③]对 DEMATEL 方法与 ISM 方法进行融合优化，并将其用于复杂系统内部层次的划分；史丽萍等[④]将群组决策与 DEMATAL 方法予以融合并用于分析影响团队目标制定的关键要素；瞿英[⑤]融合 AHP 与 DEMATEL 方法用于求解信息传递过程中的风险评价与管理问题；Wu[⑥] 考虑到产学研协同创新系统的网络性特征，综合运用 DEMATEL 与 ANP 方法对产学研集成创新能力进行评价，明晰了产学研

---

① M. N. Mokhtarian, "A Note on Developing Global Manager's Competencies Using the Fuzzy DE-MATEL Method," *Expert Systems with Applications* 7 (2011): 9050 – 9051.

② J. K. Chen and I. S. Chen, "Using a Novel Conjunctive MCDM Approach Based on DEMATEL, Fuzzy ANP, and TOPSIS as an Innovation Support System for Taiwanese Higher Education," *Expert System with Applications* 3 (2009): 1981 – 1990.

③ 张静娴等：《关联网络 DEA 在多层次指标体系中的应用研究》，《运筹与管理》2016 年第 4 期，第 187 ~ 194 页。

④ 史丽萍等：《团队目标导向影响因素的探索性研究：基于扎根理论和概念格——加权群组 DEMATEL 方法》，《运筹与管理》2016 年第 2 期，第 104 ~ 112 页。

⑤ 瞿英等：《基于 AHP - DEMATEL 法的权重计算方法研究》，《数学的实践与认识》2016 年第 6 期，第 38 ~ 46 页。

⑥ W. W. Wu, "Choosing Knowledge Management Strategies by Using a Combined ANP and DEMA-TEL Approach," *Expert Systems with Applications* 3 (2008): 828 – 835.

协同创新能力提升路径；Tsai 和 Chou[1]综合运用 DEMATEL、ANP 和 ZOGA 方法评估中小企业选择可持续发展管理系统，提升中小企业管理的科学性和可持续发展能力；崔强等[2]综合运用 BP 神经网络和 DEMATEL 方法来分析影响空港发展的关键因素。

第二，对 DEMATEL 方法进行拓展。为有效应对当前关于 DEMATEL 方法针对复杂系统内部要素间复杂关联的评价仅局限于实数领域而导致实际运用范围受限的弊端，樊治平、索玮岚[3]将 DEMATEL 方法拓展到二元语义上，并提出基于关联语义信息的风险识别方法；吴林海等[4]将 DEMA-TEL 方法扩展至模糊集理论方法上，通过综合运用模糊集理论与 DEMA-TEL 方法测度影响企业食品添加剂使用行为的关键影响因素；高沛然、卢新元[5]综合运用 DEMATEL 方法与区间数的运算规则计算出影响因素的中心度和原因度，并根据具体的结果排序得到关键影响因素。

（2）网络分析法

网络分析法（Analytic Network Process，ANP）是由美国著名运筹学家 T. L. Saaty[6] 教授最先提出，该方法是在层次分析法的基础上予以改进，可以有效解决 AHP 方法中未考虑各方案层内部因素之间相互依存关系以及各层次互相反馈的弊端，极大地提升了结果的科学性与全面性，成为当前复杂系统内部因素关系评价与权重确定的重要方法，已在诸多领域得到广泛应用（孙永河等）[7]。其计算步骤主要包括：第一，建立针对该评价问题的

---

[1]　W. H. Tsai and W. C. Chou, "Selecting Management Systems for Sustainable Development in SMEs: A Novel Hybrid Model Based on DEMATEL, ANP, and ZOGP," *Expert Systems with Applications* 2 (2009): 1444 – 1458.

[2]　崔强等：《BP – DEMATEL 在空港竞争力影响因素识别中的应用》，《系统工程理论与实践》2013 年第 6 期，第 1471～1478 页。

[3]　樊治平、索玮岚：《协同知识创新中的协同关系风险因素识别方法》，《系统管理学报》2008 年第 1 期，第 60～65 页。

[4]　吴林海等：《影响企业食品添加剂使用行为关键因素的识别研究：基于模糊集理论的 DE-MATEL 方法》，《系统工程》2012 年第 7 期，第 52～58 页。

[5]　高沛然、卢新元：《基于区间数的拓展 DEMATEL 方法及其应用研究》，《运筹与管理》2014 年第 1 期，第 44～50 页。

[6]　T. L. Saaty, *Decision Making with Dependence and Feedback: The Analytic Network Process* (Pittsburgh: RWS Publications, 2001).

[7]　孙永河等：《复杂系统 ANP – BOCR 立体网络结构建构新方法》，《中国管理科学》2016 年第 2 卷，第 144～152 页。

ANP 分析结构；第二，请专家构造元素之间的两两比较判断矩阵，并运用传统的特征根法求出相应的元素权重；第三，确定元素集权重，构造加权矩阵；第四，构造加权超矩阵；第五，对矩阵进行求解。

尽管 ANP 是一种较为理想的新决策方法，能够有效地处理复杂系统元素之间的依赖和反馈关系，但它也存在着一定的不足之处，如需要大量的专家判断信息，判断结果的可靠性依赖于专家的知识、经验和决策水平等等，今后仍需不断地加以完善。而国内学者也对网络分析法进行了大量的探索性研究，其中，王莲芬[①]将 ANP 结构划分为控制层和网络层，控制层主要包括系统目标及决策准则，而网络层则由受控制层支配的元素共同组成，且元素间存在相互影响、相互作用的关系，其中，图 2 - 1 为典型的ANP 结构。

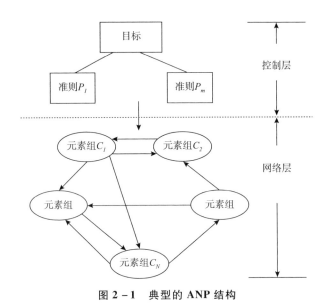

图 2 - 1 典型的 ANP 结构

网络分析法自提出以来在许多领域得到了广泛的应用，其中田波、李春好、孙永河[②]在综合判断企业网络信息的基础上，将 ANP 方法用于创新

---

① 王莲芬：《网络分析法（ANP）的理论与算法》，《系统工程理论与实践》2001 年第 3 期，第 44 ~ 50 页。

② 田波等：《网络分析法在选择企业创新合作成员中的应用》，《情报科学》2008 年第 8 期，第 1257 ~ 1260 页。

型企业选择合适的成员；刘雷等①运用 ANP 方法对独立审计项目的选择风险进行评价研究；余顺坤等②运用 ANP – Fuzzy 方法综合评价电力企业绩效问题，通过分析员工自身及员工之间的绩效差异而提出具体的改进空间。

此外，已有学者根据具体应用的要求对 ANP 方法进行了改进优化，进一步扩展了 ANP 方法的适用性与针对性。其中，李春好等③提出了尖锥网络分析法，可以在考虑元素集内部元素结构特征对元素权重的相互影响关系的基础上，较好地解决 ANP 因主观因素而导致相对重要性判断并不科学的问题。

为解决 ANP 方法在处理 HSICD 方案评价问题过程中显现出的群体内涵模糊、加权矩阵无法构造等难题，李春好、孙永河④在综合运用复杂系统理论、整体论与还原论的基础上构建适用于 HSICD 概率影响矩阵和方案排序的新方法，相比传统 ANP 方法能获得更为准确的专家评价信息且结论更为科学；Mohanty 等⑤运用模糊集理论对 ANP 方法进行改进以选择最优研发投资项目，以提升专家决策意见的准确性和灵活性，提升决策结果的科学性；许永平等⑥将 ANP 与模糊积分进行综合运用，提升多准则决策中各准则间互相联系问题，可以选择最有效的决策方案，提升决策水平；G. Zkan 等⑦综合 DEMATEL/ANP/TOPSIS 方法的优点提出了一种多准则决策方法用于评估绿色供应链的管理效率；李春好、杜元

---

① 刘雷等：《基于 ANP 的独立审计项目选择的风险评价》，《科研管理》2013 年第 2 期，第 136～144 页。

② 余顺坤等：《ANP – Fuzzy 方法在电力企业绩效考核中的应用研究》，《中国管理科学》2013 年第 1 期，第 165～173 页。

③ 李春好等：《尖锥网络分析法》，《管理科学学报》2013 年第 10 期，第 11～24 页。

④ 李春好、孙永河：《ANP 内部循环依存递阶系统的方案排序新方法》，《管理科学学报》2008 年第 6 期，第 25～34 页。

⑤ R. P. Mohanty et al., "A Fuzzy ANP – based Approach to R&D Project Selection: A Case Study," *International Journal of Production Research* 24 (2005): 5199 – 5216.

⑥ 许永平等：《基于 ANP 和模糊积分的多准则决策方法及其应用》，《系统工程理论与实践》2010 年第 6 期，第 1099～1105 页。

⑦ G. Zkan and I. Gizem, "A Novel Hybrid MCDM Approach Based on Fuzzy DEMATEL, Fuzzy ANP and Fuzzy TOPSIS to Evaluate Green Suppliers," *Expert Systems with Applications An International Journal* 3 (2012): 3000 – 3011.

伟[1]将复杂系统理论与 ANP 方法相结合提出整合优化重大科技项目合作过程中网络资源配置的决策方法；许成磊、段万春[2]将累积前景理论与 ANP 方法予以融合，提出可以有效实现创新团队和谐主题动态辨析及优化的 CPT - ANP 方法。

另外，B. Liu[3]考虑到成员在社会情境下不同的影响因素，引入社会网络分析法（Social Network Analysis，SNA）用于创新团队中，该方法具备心理学、人类学、社会学以及数学等多学科属性 J. Liebowitz[4]，而 L. C. Freeman[5]指出社会网络分析应该具备 4 个基础特征，主要为结构性、关联数据、图论、数学模型。社会网络因其跨学科、多角度、网络性等优点而得到了迅速的发展，在不同领域得到了广泛的运用。其中，钟柏昌、李艺[6]分析了教育类核心期刊中运用社会网络分析方法的论文，指出社会网络分析方法在论文写作应用中存在的问题及其对教育学发展的重大作用；黎耀奇、谢礼珊[7]通过比较社会网络理论与管理学经典理论，指出社会网络理论与管理学理论的关系，并对社会网络分析方法在组织管理研究中存在的不足以及未来的研究动态进行了展望。

（3）多属性群决策

多属性群决策（Multi - Attribute Group Decision Making，MAGDM）侧重于研究在有限方案情况下的多准则决策问题。即首先分析决策问题属性，然后邀请专家对各个决策方案给出判断信息，并依据专家信息对有限个备选方案进行评价、优选及排序，选择最适合的决策方案。多属性群决

---

① 李春好、杜元伟：《重大科技项目合作界面网络的整合优化方法》，《科研管理》2011 年第 10 期，第 89~96 页。

② 许成磊、段万春：《基于和谐主题漂移的团队社会资本整合优化》，《科研管理》2015 年第 10 期，第 153~160 页。

③ B. Liu, *Social Network Analysis* (Berlin Heidelberg：Springer, 2011), pp. 269 - 309.

④ J. Liebowitz, "Linking Social Network Analysis with the Analytic Hierarchy Process for Knowledge Mapping in Organizations," *Journal of Knowledge Management* 9 (2005): 76 - 86.

⑤ L. C. Freeman, *The Development of Social Network Analysis：A Study in the Sociology of Science* (Empirical Press, 2004), pp. 148 - 151.

⑥ 钟柏昌、李艺：《社会网络分析在教育研究领域的应用——基于教育类核心期刊刊文的评述》，《教育研究》2013 年第 9 期，第 25~32 页。

⑦ 黎耀奇、谢礼珊：《社会网络分析在组织管理研究中的应用与展望》，《管理学报》2013 年第 1 期，第 146~154 页。

策实质上是通过利用专家智慧选择最佳决策方案的过程。

通过上述定义可知，参照文献 Herra – Viedma 等①，多属性群决策一般包括决策者集、决策方案、决策者属性、方案属性 4 个基本要素。

决策者集：主要包括参与决策个体的集合，决策者集可能是单个主体或多主体，且由于不同决策者因知识结构、专长技能及其对决策问题的熟悉程度可能在决策过程中存在一定的偏差，为此通过引入专家决策权重向量以区分不同决策者的决策重要性。

方案集：主要指通过对决策对象进行评价而得出方案的集合。

属性集：主要指决策者在对决策方案进行评价过程中的影响因素，由于影响决策者对方案进行评价的因素有重要程度区分，不同属性的权重值亦不同，为此，引入属性权重的概念测度不同属性重要度差异。

属性值集：是指决策者对方案在不同属性条件下的评价值，在对方案进行评价过程中，专家会根据评价方案属性的重要性程度不同而给出不同的属性值，通过综合不同专家属性值，可以得到专家决策矩阵。目前对属性值并不仅限于具体实数，主要包括精确数、区间数及模糊语言三种主要形式。同时，专家给出的不同属性值亦可构建不同的属性权重向量，例如，基数型、序数型、区间数型以及判断矩阵型。

此外，由于多属性群决策应用范围广泛，根据不同的标准可以分成不同类型，其中，根据信息类型差异可分为精确数、模糊数、区间数、语言性及混合型等多属性群决策问题。根据专家决策属性权重的信息确定性程度可分为权重已知、部分权重信息、属性权重未知的多属性群决策问题；根据对属性信息和群体决策者信息集结次序先后的不同，可将多属性群决策分为专家信息前置的群体决策方法和专家信息后置的群体决策方法。

基于以上分析，可以发现多属性群决策问题主要包括确定专家及属性权重、规范化决策矩阵、决策方案排序三个主要方面。鉴于多属性群决策方法可以集成不同专家学者的群体智慧，发挥整体合力而成为重要的研究热点并在社会学、经济学、管理学以及军事学等多领域得到了广泛的应

---

① E. Herra – Viedma et al., "A Consensus Support Systems Model for Group Decision Making Prob-lems with Multigranular Linguistic Preference Relations," *IEEE Trans on Fuzzy Systems* 5 (2005): 644 – 658.

用。其中，周延年、朱怡安①为有效解决专家因学科领域、知识结构、思维方式以及价值观念等方面的差异而导致决策重点与认知层次存在较大差异出现决策信息分散等不利决策问题，提出应修改或剔除专家决策过程中的极端值，实现决策群体信息的相对一致性以保障决策结果的群体导向性。为此，徐迎军、李东②为解决多属性群决策过程中专家因决策信息不对称、知识结构差异等问题导致的意见不一致问题，提出一种使专家自动达成一致意见无须反复修改决策信息的迭代算法，可以提升群体决策效率，减少管理成本。同时，为有效解决多属性群决策过程中专家运用主观赋权时出现的评判意见与实际决策不一致的情况，彭勃、叶春明③提出了一种相对客观的基于矩阵信息的多属性群决策方法。

为解决多属性群决策属性评价信息和属性权重较难量化而多采用模糊语言形式的问题，马庆功④利用模糊集的相关理论，将语义评价信息转化为三角模糊数，并提出一种模糊多属性决策方法，可以保持模糊语义评价与决策者评价意见的相对一致性。在此基础上，戚筱雯等⑤针对模糊语义评价过程中存在语义模糊、直觉模糊和区间模糊三种情况，提出一种专家权重与属性权重未知情境下的混合多属性群决策方法，进一步拓展了多属性群决策方法的应用范围。而针对专家语义评价信息过程中出现的不同形式可能对决策结果造成的影响，提出了综合运用模糊距离和 DS 证据理论的多属性群决策方法。

四　小结

本章主要从创新团队的概念、特征和类型三个主要方面系统梳理创新

---

① 周延年、朱怡安：《基于灰色系统理论的多属性群决策专家权重的调整算法》，《控制与决策》2012 年第 7 期，第 1113～1116 页。

② 徐迎军、李东：《多属性群决策达成一致方法研究》，《控制与决策》2010 年第 12 期，第 1810～1814 页。

③ 彭勃、叶春明：《基于不确定纯语言混合调和平均算子的多属性群决策方法》，《中国管理科学》2015 年第 2 期，第 131～138 页。

④ 马庆功：《基于前景理论的犹豫模糊多属性群决策方法》，《计算机工程与应用》2015 年第 24 期，第 249～253 页。

⑤ 戚筱雯等：《基于混合型评价矩阵的多属性群决策方法》，《系统工程理论与实践》2013 年第 2 期，第 473～481 页。

团队的相关研究成果，给出创新团队的定义，首先创新团队是为实现特定目标以重大科研项目或创新平台为依托由优秀中青年科研人才凝聚而成的创新研究群体，是科研学术组织中维持学科固有关系、顺应现代学科发展趋势的一种新型人才组织模式；其次，在考虑创新团队成员关系灵活、集成创新性强以及不确定性程度高等特征的基础上，借鉴相关学者的研究成果阐述创新团队的特征，并将创新团队类型分为层式型创新团队、工作组型创新团队和网络型创新团队三种主要形式；再次，基于层式型创新团队结构性特征明显、工作组型创新团队成员关系多变以及网络型创新团队内部复杂、影响因素众多等问题，分别提出从团队能力视角、组织公民行为视角以及资源观视角对相关研究成果进行梳理，明确理论基础与研究方向；最后，在阐述国内外学者关于三种组织结构创新团队研究成果，并考虑不同类型创新团队组织结构特征差异的基础上，将创新团队管理效率依次分为结构效率、关系效率以及融合效率三种类型，并对各种效率的研究动态进行了系统化梳理与归纳，为下文不同类型创新团队效率评价方法的选择与优化奠定了坚实的理论基础。

第三章

层式型创新团队的结构效率

一 问题引出

广义层面，效率评价是指产品、服务或管理效果的量与质的变化（产出）与实施项目所投入的资源之间的比较评价，即每提供单位资源所产生的符合质量要求的服务量。该范畴下，创新团队的效率评价即指团队单位人才、经费、管理及相关资源投入下的创新成果、经济社会效益与关联影响力的产出水平。迄今，虽然国内外学者对创新团队绩效评价相关问题开展了初步探索，但未能有效刻画团队管理效率的多性状微观投入产出参数（某些要素互为投入产出属性），也未能从评价的系统性、结构性和包容性三个层面有效挖掘团队管理效率的评价内涵。作者前期研究表明，创新团队具有成员关系灵活、集成创新性强、不确定性程度高的固有特征，因此探析契合创新团队特征及存在、发展需求的管理视角及效率形成、提取与测度机制，是目前创新团队效率评价研究的突破点。

层式型创新团队是指在不同的任务情境下，具有不同技能的团队成员依据角色需要，遵循由上而下的直线型结构的任务划分和技能配置，实现统一指挥和管理的规范化、结构性创新研究群体。层式型创新团队具有层级明确、统一管理、无重叠、决策执行效率高的显著优势，因此其广泛存在于各企业、高校和科研院所中的常规任务执行团队中，具有重要的研究价值。在层式型创新团队中，通常采取单一或多层链型管理模式，项目负责人拥有绝对职权，团队成员只对其直接上级负责，自行完成各自的任务和职能、互不交叉。由于层式型创新团队内部不仅存在不同明晰程度的上下级结构、师徒间的并联结构以及认知层次并存的主体间结构，而且还存在着角色形成/交互/转换结构、技能互补/异质/配置结构、任务的串联/并联/混合结构、沟通的上行和下行结构等客体间的差异化结构，因此层式型创新团队具有明显的效率结构化属性，结构组合繁杂多样。

基于上述认知，显然层式团队的管理情景下，团队的结构亦即团队成员的特征总和，层式型创新团队的管理效率集中体现为其结构所映射的运行效率。鉴于一般意义上的管理效率内涵，因此层式团队的管理效率具有因"结构"的不同基础、状态、前景而更迭的独特属性，而如何针对该特性评价层式团队的管理效率也已成为近年来研究的重点难点问题。考虑到层式型创新团队较适用于研究方向明确、角色定位准确且项目成员技能完备的管理情境，因此在任务结构、角色结构、技能结构三种维度交互影响的情境下，其效率评价的难点在于效率的结构化辨识、提取与整合测度。纵观国内外学者对创新团队效率评价相关问题的研究进展，除 CM Pavett 和 AW Lau 等学者分别探析了角色、技能、任务与组织绩效的作用关联以外，迄今未见能够有效刻画和辨识效率结构的相关报道，因此探究契合层式型创新团队特征的结构化效率解析视角与整合评价方法，是本书的出发点、立足点与主要创新点。

一般意义上的团队结构主要被理解为团队组织结构，包括常规正式组织中存在的人员、职能、业务等具体管理模块，但创新团队（特别是层式团队）的组织结构同时在结构完备性及边界可融合性方面具备差异内涵。其中，结构完备性是指，组织为承担或实现一定管理功能、绩效应具备的全部相关人员、职能和业务内容，表现为结构维度、要素种类、要素数量与关联等方面系统性；边界可融合性是指，反映团队结构内涵要求的各类要素集合间所具有的功能、绩效与影响的可交互属性。这种差异内涵具体表现为层式型创新团队的人员数量少（人员角色关联复杂）、职能形式有限（职能杂合程度高）、业务形式简单（业务创新要求高）。由于层式团队在人员、职能、业务等方面呈现突出的"缺口"、"交互"与"融合"特性，因此团队绩效水平集中体现为创新能力和资源的融合水平，即团队能力视角下"能力本体与能力功能的统一"。借鉴这一研究视角，可知层式团队的能力本体即为团队成员、角色结构、成员异质性、共同任务目标等资源组成的系统，团队能力功能即为团队融合运用资源系统从事某些任务以实现团队目标的能力。鉴于团队能力视角对整合资源系统、梳理系统结构具有重要意义，目前已有部分学者针对个别团队管理维度开展了初步研究。例如：黎庆兴、梁敏辉发现提高高校科研团队创新能力的内部影响因素有目标任务的明确性和团队内梯队（包括角色结构的合理配置、技能结构的异质互补）的合理性等；卜琳华引入复杂系统理论、知识管理理论对团队能力的研究表明，团队能力跃进系统是其角色结构、技能结构等主体因素与外界环境相互作用的结果；马一博运用马兹罗的创新理论对创新能力进行分类，并运用灰色聚类评价方法对研究生创新能力进行了定量化分析。分析以上进展可知，团队能力作为团队资源三维度相交融合的纽带，是角色结构、技能结构、任务结构相互作用后的结果表现形式，是实现团队绩效定量化系统测评的一个有效切入点。因此将团队能力的解析思维引入层式类型创新团队的结构效率评价，系统化定量化融合结构效率的三个不同维度，有助于应对现有研究忽视层式团队结构特性的研究局限，能够借助对效率的结构化辨识和梳理，有效刻画该类型团队的结构效率内涵并促成评价方法的创新。

基于上述思考，为有效评价层式型创新团队的结构效率，本书将借鉴团队能力融合视角整合任务结构、角色结构和技能结构三个结构效率维度，在梳理辨识三维度结构内涵、结构特征与效率呈递关系的基础上，提出"角色结构效率、技能结构效率、任务结构效率"三种不同的结构效率概念，进而构建基于 DEMATELL 方法和 AR – DEA 方法的层式团队结构效率整合评价方法并开展案例应用研究。应用本书所提出的理论及方法能够实现层式型创新团队微观管理效率的结构化和定量化分析评价，对科学评价层式属性创新团队的管理效率具有重要的理论研究价值和实践研究意义。

二 层式型团队的结构效率解析维度

团队角色结构、技能结构和任务结构是团队能力视角下层式型团队的主要解析维度，其中技能结构是团队的业务基础，角色结构和任务结构是团队技能结构发挥功效的载体和手段（G. L. Stewart and M. R. Barrick）[1]。层式型团队的三维度结构效率解析要点如图 3 – 1 所示，具体内容详见下文。

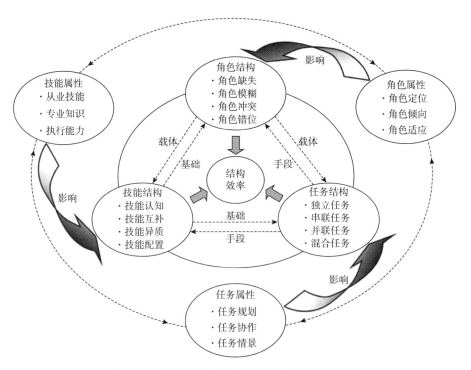

图 3 – 1　层式型团队的三维度结构效率解析要点

1. **角色结构**

团队的角色结构是团队结构的重要维度。Belbin（1981）提出了著名的贝尔宾团队角色理论，认为成员角色构成以及角色之间的相互关系影响团队绩效；Keng 和 Allison（1999）提出了包含任务角色—关系角色—自我角色的三维角色倾向理论。袁炳耀（2008）认为团队角色组合通过团队的互动过程对团队绩效产生影响。在层式团队中，不同成员扮演着不同的角色，以团队结构合理性为主要考察维度，当缺乏某些角色时，易出现角色缺失现象；当角色不明确时，易于出现角色模糊现象；当某些成员同时充

① G. L. Stewart and M. R. Barrick, "Team Structure and Performance: Assessing the Mediating Role of Intrateam Process and the Moderating Role of Task Type," *Academy of Management Journal* 2 (2000): 135 – 148.

当两个或者两个以上角色时，易出现角色冲突、目标相悖现象；当初始角色存在较大调整空间时，易出现角色错位现象（Tubre）①。同时，由于团队的发展历程不同，随时间转换的角色组合将形成动态的角色结构：①团队形成初期，成员的角色意识淡薄，由成员角色相互理解、容纳形成的角色结构往往合作效率相对较低；②团队进入发展阶段后，不仅成员数量扩张后的规模优势能够创造更加广泛的角色交互空间，而且由合作水平、沟通技巧、交流意愿等开创的角色认同更具交换属性；③团队进入发展平台期或转型期之后，部分成员由于能力出众或集体合作意愿转换等原因，会产生与职位、地位、身份等相适应的角色改变，此时的角色转换结构常因面临不确定的内外部合作环境，而呈现多样化的合作效率水平。

2. 技能结构

团队的技能结构是团队结构的重要变量之一，是团队成员所具备技能的集体特征。Cooper 和 Daily（1997）认为团队成员在技能、知识和能力的三维互补，是团队实现高效率的重要前提。J. S. Bunderson② 指出适应于多层次任务的完整技能模块是提升团队绩效表现的重要保障。B. R. Dineen 和 C. Wiethoff③ 则认为团队成员的认知分歧会增加团队内部的人际冲突，降低团队的人际信任和满意度。在层式团队中，不同的任务属性往往对应了差异化存在的执行子团队，由于任务执行需求存在差异，因此团队层次间的纵向协作与联系往往较低，而横向团队间以及团队内部的协调性较高。在面临差异化任务情境的条件下，基于成员技能范围、熟练度、创新意识等不同属性而开展的内部协调，能够形成多样化的技能结构：①多元任务属性下的高绩效团队需要最大程度上的技能协作，但在外部环境不确定的任

① T. C. Tubre et al., (1985) revisited, "A Meta - analysis of the Relationships between Role Ambiguity, Role Conflict, and Job Performance," *Journal of Management: Official Journal of the Southern Management Association* 1 (2000): 55 – 169.

② J. S. Bunderson, "Team Member Functional Background and Involvement in Management Teams: Direct Effects and the Moderating Role of Power Centralization," *Academy of Management Journal* 4 (2003): 458 – 474.

③ B. R. Dineen and C. Wiethoff, "Level and Dispersion of Satisfaction in Teams: Using Foci and Social Context to Explain the Satisfaction - Absenteeism Relationship," *Academy of Management Journal* 3 (2007): 623 – 643.

务情景中，关键成员之间的技能互补状态决定了团队的技能互补结构，其互补水平常成为衡量合作效率水平的重要指标；②与技能互补需求相对应，由于技能异质性对催生合作创新的建设性矛盾至关重要，因此在打造技能异质结构提升合作效率方面，异质性技能已成为促进技能融合与创新的重要维度；③作为打造具有竞争优势和相对效率团队的重要方式，技能配置结构已成为技能互补与异质之外的一种最广泛技能合作形式，以建构思维为导向形成阶段化、全面、客观认识合作效率的整体框架，对推动合作效率提升策略具有积极作用。

3. 任务结构

任务结构指任务目标和程序的清晰性与明确性，包括机构设置是否合理、领导者所在部门的职责分工是否明确、管理制度是否健全及执行情况等。团队活动总是为了或基于一定的任务而展开的，团队成员不仅构成了团队功能的基本单位，而且也构成了团队任务的基本单位，而任务的规划与配置则把团队个体通过协作关系聚集为具有管理意义的整体。D. J. Devine 和 J. Philips[1] 认为，团队绩效即团队完成其目标或任务的程度；邹竹彪、官建成[2]等认为，按照串联、并联或混合型结构（由工作任务之间的单向关联、双向关联或相互独立关系决定），团队面临不同的合作效率。鉴于此，由于层式团队交互关系的结构较为简单，信息沟通速度较快，所以在不同的任务情景下，团队能够及时形成以问题为导向的合作框架，有利于形成整体合作效率。根据工作任务之间的关系，管理者采取的执行过程可以是串联、混合或并联结构，由此所带来的协调作用和信息传递等过程也存在差异：①在团队面临属性简单、环境稳定、任务复杂程度较低的情景时，可以采用串联任务结构，不同层次或环节的合作效率水平将取决于串联的最终执行个体，此时由于各个环节的效率情况相对可控，因此最终合作效率能够得到保证；②当团队面临多重任务并且对时效性要求较高时，宜采用并联任务结构，不同层次或环节的合作效率水平将取决

---

[1] D. J. Devine and J. Philips, "Do Smarter Teams Do Better: A Meta – analysis of Cognitive Ability and Team Performance," *Small Group Research* 5 (2001): 507 – 532.

[2] 邹竹彪、官建成：《串联结构下项目有效达到率的最优求解》，《系统管理学报》2007 年第 5 期，第 502 ~ 507 页，517 页。

于并联过程中的最低效率个体，分块或分区间的任务监控有助于改善整体合作效率；③特殊情景下，团队可能面临复杂多变的任务环境，当多个任务之间要求不尽相同时，宜采用混合任务结构，形成具有串联、并联双重效率合成优势的任务处置关系，而这将导致团队整体效率水平具有较高的不确定性。

三 层式型团队的结构效率关联特征及概念

在团队组建期、发展期、平台期、转型期或衰退期等动态阶段内，层式类型创新团队所具有的角色结构、技能结构和任务结构特性，共同对团队整体绩效质量和效率水平产生复杂影响。这种三层次结构效率内部及三者之间所具有的效率呈递关联如图 3-2 所示，具体内容详见下文。

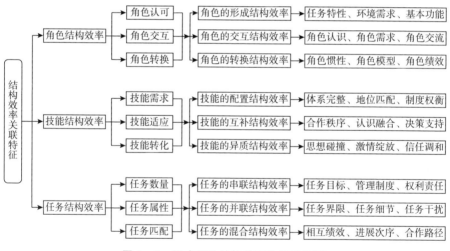

图 3-2 层式团队结构效率的呈递关联

1. 结构效率的概念界定

基于图 3-2 对层式类型创新团队效率评价维度及其特征的思考，将其具有的"人员角色缺口"、"技能内涵交互"与"任务边界融合"等团队特征与其"角色倾向、技能匹配、任务协作"等效率特征相结合，划分结构效率为角色结构效率、技能结构效率和任务结构效率三种类型，提出如下三种类型的结构效率定义（分别用 V1、V2、V3 表示）。

（1）层式类型创新团队的角色结构效率（V1）是指面向不同团队周期内的角色定位、适应与选择倾向，针对角色认可、角色交互与角色转换等衍生的角色作用需求，在应对角色缺失、角色模糊、角色冲突和角色错位难题的基础上，满足组建初期对任务特性、环境需求与基本管理功能对角色形成结构的效率要素投入要求，迎合发展过程对角色知识、角色需求与角色交流对角色交互结构的效率要素投入要求，适应转型阶段对角色惯性、角色模式与角色绩效的效率要素投入要求，所涌现的面向团队整体考评范围的单位效率产出情况。由于同一团队内不同成员所属的角色类型、角色发展阶段与角色预期差异显著，因此这些成员将在不断调整个人角色定位策略的过程中，形成适应个体角色需求与整体角色需求的角色效率转化路径，并最终达到与组织内角色设置预期相匹配的效率水平。

（2）层式类型创新团队的技能结构效率（V2）是指面向不同团队周期内的成员技能、知识与能力属性，针对技能需要、适应与转化等衍生的技能合作需求，在统筹技能认知、互补、异质、配置等技能关系的基础上，满足组建初期对技能体系完整性、地位匹配性与权威制约性等技能配置结构的效率要素投入要求，迎合发展过程中对技能合作秩序、认知融合、决策支持等对技能互补结构的效率要素投入要求，适应转型阶段对技能观点碰撞、活力释放、信任调和等技能异质结构的效率要素投入要求，所涌现的面向团队整体考评范围的单位效率产出情况。由于同一团队内不同成员所肩负的技能类型、技能需求与技能重要性差异显著，因此这些成员将在不断调整个人技能胜任力的过程中，形成适应个体技能预期与整体技能预期的技能效率转化路径，并最终达到与组织内技能配置预期相匹配的效率水平。

（3）层式类型创新团队的任务结构效率（V3）是指面向不同团队周期内的任务规则、协作与情景特征，针对任务数量、属性与匹配等衍生的任务推进需求，在梳理独立任务、串联任务、并联任务及混合任务等任务层次的基础上，满足组建初期对任务目标、管理制度、权责统一等任务串联结构的效率要素投入要求，迎合发展过程中对任务界限、任务细分、任务干扰等任务并联结构的效率要素投入要求，适应转型阶段对任务相互绩效、进展次序、合作路径等任务混合结构的效率要素投入要求，所涌现的面向团队整体考评范围的单位效率产出情况。由于同一团队内不同任务所适用的研究资源、合作措施与探索范式差异显著，因此这些任务将在不断形成合作基础与协作经验的过程中，形成满足于局部任务预期与整体任务预期的任务效率转化路径，并最终达到与组织内任务协作预期相匹配的效率水平。

2. 角色结构的效率关联特征

团队角色的形成建立在任务本身与成员个体对角色的预期之上，并根据团队的发展阶段而实现周期性认可、交互与转换。随着团队的发展和团队成员观念、思想的转变，团队成员能够认识到自己在团队中所拥有的权利和所承担的责任，按照一定的规则或者制度，形成稳定的组织结构形式，此时的团队效率水平取决于任务设置的合理性与任务环境的适应性，在实现团队基本功能正常运转的前提下，形成初始合作效率，即角色的形成结构效率。在逐渐适应和承担一定的角色后，成员将形成对相应角色的分析能力，对团队成员之间的相互关系有逐步深入的认识，进而可以根据团队的目标和自己的需要承担不同的角色，并与外部进行交流协作，团队也会形成自己的团队文化等来规范、约束成员的行为，实现组织结构有条不紊的运作，此时的团队已经形成了自己的角色结构调整范式，能够通过不断地调整成员角色内涵、形式和属性，实现成员各司其职，达到具备稳定性的进阶合作效率，即角色的交互结构效率。情景的改变是角色转换的依据，人们在进入一个角色状态时，往往会形成角色惯性，会在很长的时间段内按照既定的行为模式和心理特点来处理各种问题。角色的转换意味着团队的成员需要摆脱之前所扮演角色的行为模式和心理特点的影响，通过适应另一种角色所需要的行为模式和心理特点，实现发展平台期或衰退期的团队绩效转换，即角色的转换结构效率。

3. 技能结构的效率关联特征

团队成员的异质性（heterogeneity）广泛存在，这种异质性尤其表现在团队成员的技能差异上。从技能建构的角度看待技能体系建设问题，团队成员的职能分工首先需要做到明晰和完整。当团队内的技能及其结构不完整时，会影响决策的全面性、客观性与公正性，从而导致决策过程中相互权衡的功能失效，甚至出现某些技能关联的权威干预，以致影响民主决策机制的施展，导致决策偏颇、决策质量降低，进而降低技能的配置结构效率。同时，由于执行科研任务的团队往往需要多层次的技术支持，因此只有通过技术层面的互相补充与合作才能够形成一个正常有序技能转化体系。在此基础上，推动实现技能互补，不仅可以减少技能不对等带来的认知冲突，提升多层次技能积累的规模优势，而且还会弥补彼此在决策过程中的不足（体现技术与管理相结合），有助于提高决策质量，进而提高合作效率，即技能的互补结构效率。层式型创新团队自身的特点，也决定了技能异质性带来的跨领域思想碰撞，对激发创新热情起到至关重要的推动作用。技能的结构效率特征体现为：一方面，较高的技能异质性可以使团队具有广泛的技能、知识和认知资源，能够带来多样化的视角和观点，从而提升决策水平和绩效；另一方面，也由于团队成员广泛存在社会性关联，异质性所反映的成员间的差异常导致高异质性团队缺乏信任和认同，团队活动（过程）中容易出现分歧和冲突，因此团队的整体绩效水平也难以保证。

4. 任务结构的效率关联特征

根据协调理论，在任务数量既定的前提下，当执行任务的成员数量比较多时，子任务的预计完成时间也就越短，但成员协调与沟通的难度呈指数增长，因此通过匹配任务形式与成员阵容同样对合作效率至关重要。在串联任务结构下，项目被分解为多个具有紧前紧后关系的工作环节，且按照前后串联次序依次执行。由于前置任务环节对后置任务进展具有必然关联和影响，因此只有在任务目标明确、管理制度完善、权利责任对等的情况下，通过保障关键合作环节的效率水平，才能够获得较高的串联任务结构效率。在任务并联结构下，项目被分解为多个具有同等重要性的工作环节，且各环节之间并无实质的相互干扰与制约，能够按照平行并联次序同时推进。由于并联任务进展共同决定整体任务绩效，因此只有在任务界限清晰、相互干扰少、任务细节控制良好的情况下，通过平衡不同任务流程的推进状态与质量，才能够获得较高的并联任务结构效率。在混合任务结构下，团队的目标被同时分解为具有串联、并联属性的众多子任务，任务与任务之间的作用关系比较复杂，可能存在串联任务间的相互绩效制约、可能存在并联任务整体的绩效干扰或者二者的交互影响。这种任务执行方式的混合不仅带来了角色交互与转换、技能的互补与异质，而且使得不同个体与团队之间的沟通与协作更具不确定性，只有在任务推进思路明朗、合作创新基础良好的前提下，才能实现研究问题的快速响应，并最终提高混合任务结构效率。

四 基于 DEMATEL 和 DEA/AR 的结构效率评价模型

团队能力视角为层式型创新团队的结构效率评价提供了一个三维分析框架。由于角色结构效率、技能结构效率与任务结构效率三类效率概念的影响要素数量、种类与关系复杂，具有复杂系统属性，因此为了有效整合层式型创新团队的相关效率要素投入产出关系，探索层式型创新团队结构效率的整体评价机制，此处引入能够有效辨析复杂网络化作用关系的 DE-MATEL（Decision Making Trial and Evaluation Laboratory，又称决策实验室分析）方法。借助 DEMATEL 方法能够充分反映、系统量化并有效提炼不同专家的主观决策信息，辨析团队结构效率指标间的影响关系，有效区分反映三类结构效率的关键影响因素及其优劣度排序，并在此基础上构建增加分类权重约束的改进 DEA/AR 效率评价方法。具体步骤如下。

1. 构建直接影响矩阵并规范化处理

根据上文对层式型创新团队结构效率内涵的界定，确定其影响因素，设为 $A_1, A_2, \cdots, A_n$。邀请相关领域专家依据其所掌握的经验、知识并结合层式型创新团队的结构效率内涵，对影响团队结构效率的各要素的影响关系强度进行判定，形成创新团队内各要素间的直接影响矩阵 $A = (a_{ij})_{n \times n}$，其中 a_{ij} 表示因素 a_i 对因素 a_j 的影响程度，并且规范化直接影响矩阵 A 得到 Z。

$$A = \begin{pmatrix} a_{11} & a_{12} & \cdots & a_{1n} \\ a_{21} & a_{22} & \cdots & a_{2n} \\ \vdots & \vdots & & \vdots \\ a_{n1} & a_{n2} & \cdots & a_{nn} \end{pmatrix} \qquad Z = \frac{1}{\max\limits_{1 \leqslant i \leqslant n} \sum\limits_{j}^{n} a_{ij}} A$$

2. 计算综合影响矩阵 T

当 n 充分大时，矩阵 T 的表达式可以近似表示如下：

$$T = \lim_{n \to \infty}(Z_1 + Z_2 + \cdots + Z_n) = \frac{Z(1 - Z_n)}{1 - Z} = Z(I - Z)^{-1}$$

其中 I 为单位矩阵

3. 计算影响度、被影响度、中心度、原因度

计算层式型创新团队结构效率影响因素综合影响矩阵 T 中的第 i 行各元素之和表示因素 A_i 对其他所有因素的影响值，综合所有因素对其他因素的影响值，可得到影响度 $R = [R(1), R(2), \cdots, R(n)]^T$。同理，矩阵 T 第 j 列元素之和，表示因素 A_i 受到其他所有因素的综合影响值，可得到被影响度 $C = [C(1), C(2), \cdots, C(n)]^T$。

因素 A_i 的影响度和被影响度之和为因素 A_i 的中心度，即 $M_i = R(i) + C(i)$，它表示因素 A_i 在该指标体系中的重要程度和作用大小。因素 A_i 的中心度越大，表示该因素在指标体系中的重要程度越大，起的作用也越大，反之亦然。

因素 A_i 的影响度和被影响度之差为因素 A_i 的原因度，即 $N_i = R(i) - C(i)$。如果 $N_i > 0$，则表明因素 A_i 对其他因素的影响大于其他因素对它的影响，应为原因因素；如果 $N_i < 0$，则表明 A_i 对其他因素的影响小于其他因素对它的影响，应为结果因素。

根据上述步骤的计算，可以计算出影响结构效率因素的影响度、被影响度、中心度和原因度，借以判断各因素在整个指标体系中的重要程度和与其他因素间的相互影响关系，选取部分要素为投入（或产出）指标（取决于评价目标为投入导向或是产出导向），根据其中心度排序修正下文 DEA 模型中的指标权重。

4. 基于 DEMATEL 的 DEA/AR 方法构建

传统 DEA 模型的一个缺陷即未能有效引入决策者的偏好信息，对于指标权重的确定是不受约束的，主要反映的是对各决策单元最为有利的指标权重。目前应用比较广泛的反映专家决策偏好的 DEA 方法即增加权重约束，权重约束会集结专家偏好信息，反映输入输出指标的相对重要程度，这就促进了 DEA/AR 方法的产生和发展。DEA/AR 模型是通过引入输入乘数、输出乘数间的关系来达到合理评价的目的。设有 n 个待评价团队，即 $DMU_j(j = 1, 2, \cdots, n)$；在 n 个影响因素中，有 i 个输入指标，指标向量为 $X_j =$

$(x_{1j}, x_{2j}, \cdots, x_{ij})^T$，有 r 个输出指标，指标向量为 $Y_j = (y_{1j}, y_{2j}, \cdots, y_{rj})^T$；输入、输出指标的权向量分别为 $v = (v_1, v_2, \cdots, v_i)^T$，$u = (u_1, u_2, \cdots, u_r)^T$。则改进 DEA/AR 模型为：

首先确定一个执行域（AR），一般选取某一项输入 x_{i0} 和输出 y_{r0} 为代表来构造 AR：

$$\tau_i \leqslant v_i/v_0 \leqslant \sigma_i \quad i \neq i_0$$

$$\eta_r \leqslant u_r/u_{r0} \leqslant \rho_r \quad r \neq r_0$$

其中 $\tau_i, \sigma_i, \eta_r, \rho_r$ 为已知的标量，由专家组估计得到，上式可以视为决策专家对输入、输出相对重要性的一种偏好。本书考虑决策者的偏好信息，在此处采用一种新的确定执行域（AR）的方法。常规方法中，参照 Wang 等给出的顺序型偏好和区间型偏好的转换，有如下公式：

$$u_r \in [\delta \chi^{n-r}, \chi^{1-r}], r = 1, 2, \cdots, n, \delta \leqslant \chi^{1-n}$$

$$v_i \in [\delta \chi^{n-i}, \chi^{1-i}], r = 1, 2, \cdots, n, \delta \leqslant \chi^{1-n}$$

其中 χ 为偏好强度参数，δ 为比参数，都是由决策专家直接给出的，本书在此处将基于 DEMATEL 方法得到指标因素的中心度排序转换为区间变量，并加入乘数型的 CCR 模型即可得到如下所示的基于 DEMATEL 的改进 DEA/AR 模型。依据以下模型，能够有效反映专家组决策偏好信息，实现层式团队的角色、技能、任务三类型结构效率评价。

$$E_{j_0} = \max \sum_{r=1}^{s} u_r y_{rj_0}$$

$$\text{s. t. } \sum_{i=1}^{m} v_i x_{ij_0} = 1$$

$$\sum_{r=1}^{s} u_r y_{rj} - \sum_{i=1}^{m} v_i x_{ij} \leqslant 0, j = 1, 2, \cdots, n$$

$$u_r \in [\delta \chi^{n-r}, \chi^{1-r}], r = 1, 2, \cdots, n, \delta \leqslant \chi^{1-n}$$

$$v_i \in [\delta \chi^{n-i}, \chi^{1-i}], r = 1, 2, \cdots, n, \delta \leqslant \chi^{1-n}$$

五　实例验证

以同一理科高校内承担不同国家自然科学基金项目的 15 个层式类型创

新团队（$U_1 \sim U_{15}$）为例，评价分析这些团队微观管理涌现的结构效率。在参照前文角色、技能、任务属性理论分析框架的基础上，邀请相关领域专家在以问题导向及团队汇报和个别访谈方式为主要手段，界定各团队的结构效率评价内涵并进行要素存在状态评分，赋值结果如表 3-1 所示。其中 A_1 为角色认可，A_2 为角色交互，A_3 为角色转换，A_4 为技能需求、A_5 为技能适应、A_6 为技能转化、A_7 为任务数量、A_8 为任务属性、A_9 为任务匹配。参照上文对影响团队结构效率各输入输出要素的影响关系强度的判定方法与标准，得出直接影响矩阵、综合影响矩阵、影响程度排序情况分别如表 3-2 ~ 表 3-5 所示。

表 3-1　专家群组对指标的初始评价信息

DMU	A_1	A_2	A_3	A_4	A_5	A_6	A_7	A_8	A_9
U1	3	2	9	3	1	2	4	2	6
U2	1	4	8	2	1	3	2	2	1
U3	4	7	5	1	5	3	4	2	3
U4	5	1	8	3	2	7	8	6	1
U5	2	3	4	4	6	1	4	7	5
U6	1	4	7	5	1	1	3	2	6
U7	5	2	3	2	4	1	6	7	8
U8	5	1	4	6	4	4	2	6	3
U9	4	3	5	4	6	5	1	2	4
U10	1	5	8	7	1	4	8	2	1
U11	4	6	2	1	3	2	4	5	6
U12	6	7	3	8	7	4	3	1	8
U13	8	5	6	9	3	5	2	4	1
U14	2	8	7	4	9	7	9	8	2
U15	1	2	9	5	3	2	2	1	3

表 3-2　直接影响矩阵

	A_1	A_2	A_3	A_4	A_5	A_6	A_7	A_8	A_9
A_1	0	4	2	1	4	5	3	4	1
A_2	3	0	3	3	2	0	2	4	2
A_3	5	2	0	4	5	2	3	2	4

续表

	A_1	A_2	A_3	A_4	A_5	A_6	A_7	A_8	A_9
A_4	2	1	1	0	2	1	1	2	1
A_5	3	4	2	1	3	0	2	1	4
A_6	2	3	2	3	0	5	4	3	4
A_7	1	2	0	1	2	3	0	1	3
A_8	4	5	3	5	1	0	3	0	2
A_9	1	0	1	3	2	4	2	1	0

表 3 - 3 标准化矩阵

	A_1	A_2	A_3	A_4	A_5	A_6	A_7	A_8	A_9
A_1	0.000	0.148	0.074	0.037	0.148	0.185	0.111	0.148	0.037
A_2	0.111	0.000	0.111	0.111	0.074	0.000	0.074	0.148	0.074
A_3	0.185	0.074	0.000	0.148	0.185	0.074	0.111	0.074	0.148
A_4	0.074	0.037	0.037	0.000	0.074	0.037	0.037	0.074	0.037
A_5	0.074	0.111	0.074	0.111	0.000	0.185	0.148	0.111	0.148
A_6	0.111	0.148	0.074	0.037	0.111	0.000	0.074	0.037	0.185
A_7	0.037	0.074	0.000	0.037	0.074	0.111	0.000	0.037	0.111
A_8	0.148	0.185	0.111	0.185	0.037	0.000	0.111	0.000	0.074
A_9	0.037	0.000	0.037	0.111	0.074	0.148	0.074	0.037	0.000

表 3 - 4 综合影响矩阵

	A_1	A_2	A_3	A_4	A_5	A_6	A_7	A_8	A_9
A_1	0.362	0.514	0.330	0.408	0.541	0.539	0.482	0.521	0.512
A_2	0.387	0.293	0.303	0.400	0.395	0.300	0.378	0.442	0.421
A_3	0.544	0.467	0.273	0.528	0.619	0.500	0.522	0.490	0.633
A_4	0.238	0.215	0.158	0.176	0.263	0.217	0.215	0.252	0.250
A_5	0.392	0.432	0.280	0.341	0.452	0.323	0.384	0.358	0.518
A_6	0.432	0.478	0.327	0.476	0.428	0.556	0.528	0.494	0.616
A_7	0.216	0.258	0.135	0.225	0.289	0.304	0.197	0.227	0.350
A_8	0.464	0.499	0.336	0.508	0.421	0.349	0.462	0.369	0.496
A_9	0.233	0.211	0.174	0.301	0.298	0.352	0.286	0.247	0.266

表 3 - 5　输入指标的影响度排序及原因度

	$M = R + C$	$N = R - C$	R	C	排　　序
A_1	7.478	0.940	4.209	3.269	2
A_2	6.684	-0.046	3.319	3.365	6
A_3	6.893	2.259	4.576	2.317	5
A_4	5.349	-1.379	1.985	3.364	9
A_5	7.186	-0.226	3.480	3.706	4
A_6	7.777	0.893	4.335	3.442	1
A_7	5.656	-1.252	2.202	3.454	8
A_8	7.303	0.503	3.903	3.400	3
A_9	6.430	-1.692	2.369	4.061	7

专家组选取中心度排名前 5 的指标作为结构效率分析指标，其中 A_1、A_5、A_6、A_8 作为输入指标，A_3 作为输出指标。参照文献 Wang 等[①]的研究方法，设 $\chi = 1.5, \delta = 0.1$，根据上步得出的排名应用上文给出的方法转化为区间规模即可得到输入指标的权重范围，具体结果如表 3 - 6 所示。

表 3 - 6　输入指标的权重范围

输入指标	排　　序	区间上限	区间下限
A_1	2	0.225	0.667
A_5	4	0.100	0.296
A_6	1	0.338	1.000
A_8	3	0.150	0.444

结合上述权重范围，应用上文给出的投入导向下的 DEA/AR 模型对 15 个案例团队进行关系效率评价。若沿用常规管理效率评价思路，即直接参照专家意见使用初始赋值信息执行相同的效率评价方案，可得到与本书评价方法差异显著的效率评价结果。本书评价方案及常规方案得到的简要效率评价结果如表 3 - 7 所示。为简洁起见，与评价结果解析相关的整体冗余信息及各 DMU 效率信息不在此赘述。

---

① Y. M. Wang et al., "Interval Efficiency Assessment Using Data Envelopment Analysis," *Fuzzy Sets & Systems* 3（2005）：347 - 370.

表 3-7　本书及常规评价方案的效率评价结果

DMU	本书方案评价结果		常规方案评价结果	
	综合效率	排　名	综合效率	排　名
U1	0.883	4	1.000	1
U2	0.916	3	1.000	1
U3	0.328	7	0.349	10
U4	0.295	8	0.457	7
U5	0.346	6	0.571	6
U6	1.000	1	1.000	1
U7	0.256	10	0.429	8
U8	0.161	14	0.167	14
U9	0.246	11	0.278	13
U10	0.836	5	1.000	1
U11	0.128	15	0.143	15
U12	0.170	13	0.333	11
U13	0.242	12	0.303	12
U14	0.282	9	0.389	9
U15	1.000	1	1.000	1
均　值	0.473		0.561	

由表 3-7 可以看出，本书方案识别出的相对具有效率的团队为 U1、U2、U6、U10 和 U15；常规方案识别出的相对具有效率的团队为 U6 和 U10。这种分析结果表明，常规 CCR 模型得到的相对有效决策单元数量较多，导致有效单元区分度较低，而运用本书方法显著增强了有效决策单元的辨识优势，能够解决以往 DEA 模型中出现的因多输入、多输出指标而产生的有效单元过多的问题。同时，相对于常规 DEA 方法，本书方法挖掘了决策单元之间的差异并形成了明确的优劣排序，从而使得评价结果更具实践解读价值。例如：团队 U2 相对效率由 1 降到了 0.883，变成 DEA 无效，这是因为在 DEA 模型中要求投入越小越好，而 U2 的技能转化投入较大，且该项投入的中心度最大，进一步加大了投入，从而导致 U2 在新方法中无效，可以考虑针对技能转化方面改善投入质量，借助展开技能培训、加强知识共享和内部交流等方法减少技能对相关投入的不利影响。

　　分析上述评价结果可知，本书所提出的关系效率分析理论及评价方案有效、可行，应用本书所提出的结构效率解析理论及所构建的效率评价方案，可以有效结合决策专家对影响关系强度的判定，实现投入产出指标的影响度排序，不仅可以结合三类结构效率内涵形成面向不同投入风格的针对性评价结果，而且能够提升决策单元的评价可比性。

六　小结

　　本书借鉴团队能力融合视角整合任务结构、角色结构和技能结构三个结构效率维度，提出了层式型创新团队结构效率解析评价的理论及方法，能够实现针对"缺口"、"交互"与"融合"特性的微观管理效率结构化、定量化分析评价。首先，结合团队绩效评价、能力管理的相关进展，将层式团队的结构划分为角色结构、技能结构以及任务结构三种类型，并对其结构内涵与特征进行解析；其次，梳理层式型创新团队三大结构维度的效率关联特征，提炼层式团队的结构效率为角色结构效率、技能结构效率、任务结构效率三个层次，并给出相应效率概念阐释；再次，为实现三类结构效率的整合评价，引入能够有效辨析复杂网络化作用关系的 DEMATEL 方法，辨析团队结构效率指标间的相对影响关系，依据得出的指标间优劣度排序，获得带有专家决策偏好的指标权重，并据此构建了增加权重约束的改进 DEA/AR 效率评价方法；最后，以同一理科高校内承担不同国家自然科学基金项目的 15 个层式类型创新团队为例，评价分析这些团队微观管理过程中涌现的结构效率，检验了以上理论和方法的可行性与有效性。

　　通过实践、大量文献、团队特征的分析，构思到层式类型创新团队现有研究的盲点之一，即效率的结构化辨识和评价问题，进而对结构效率的分类、概念、作用关联进行进一步的解析，引入能够有效评价结构效率的方法，实现对结构效率评价内涵和方法的研究。该研究思路即特征分析→类型划分→内涵阐述→作用关联→方法评价具有普适性，对很多类型创新团队的效率评价，包括企业团队、高校、科研院所，都可以差序化地运用，同时为下文对关系效率和融合效率的研究提供一套系统宏观的框架。

在此需要指出的是，本书主要研究的是不同类型创新团队的不同种类效率，效率的评价结论并非是对效率的不同构成分别进行评价进而加总，而是在综合考虑各影响因素关联基础上的整体评价。

上述评价思路下，在下一章节中，本书将主要研究工作组型创新团队关系效率的评价及内涵。

第四章

工作组型创新团队的关系效率

一 问题引出

层式型创新团队遵循自上而下的金字塔式职能划分，这种垂直式的思想流通不利用团队成员间的知识共享、相互协作、思维碰撞，同时对于团队负责人在知识结构、技能结构、管理结构等方面的完备性和可融合性具有较高要求，因此该类型结构仅适应于规模很小、合作长期且目标明确的创新团队。而面对当今社会对短期突破、团队精神、协作互动的项目合作攻关类团队的迫切急需，层式类型团队显然不能满足形势所需，随之而产生的工作组型创新团队因其自身具有的独特优势而被广泛适用，然而内隐于该类型团队复杂多变的关系效率未被众多学者察觉，下文对其进行详细阐述。

工作组型创新团队特指将各个职能部门中涉及某一具体研究方向或研究项目的成员集中在一个工作组内而形成的独立工作群体。作为具有显著"攻关"特色的一类团队，"独立团"广泛存在于大中型高校、科研院所和企业创新团队之中，属于团队化科研的中坚力量，其优势是灵活性强、机动性高、整体意识清晰。在工作组型团队中，项目（或研究方向）负责人对各自的工作组全权负责，与高层管理者的纵向沟通便捷，且工作组内部的横向协调以及与不同工作组之间的竞争合作更具"小集体"姿态。同时，由于该类型团队较适用于研究方向明确、技术理论与研究范式成熟、团队合作经验丰富的管理情景，因此在任务属性、合作周期与创新不确定性等维度的交互影响下，能否有效评价并激发不同成员间的协作效率，已经成为衡量其技术突破能力的重要指标。

组织公民行为（Organizational Citizenship Behavior，OCB）是群体成员自愿的个体行为，普遍存在于多成员组成的创新型研究群体中，对转换管理情景、塑造管理风格和调节管理矛盾具有重要意义。现有成果对组织公民行为载体与关联的研究发现，虽然组织公民行为没有得到组织中正式、系统、直接或明确的报酬与回报，但却从整体上提升了组织协作的有效性。Kibeom（2002）、Cheng（2007）、EHRHART（2007）、刘朝（2014）、仲理峰（2007）等对创新团队组织公民行为、团队效率评价、团队角色关系、团队领导行为和团队管理氛围等方面的进一步研究表明，创新团队的关系效率与不同领导风格下超越员工角色的组织公民行为有着错综复杂的交互性影响关系。基于这种分析路径并结合团队成员的固有特质，可以将工作组型创新团队的成员间协作效率划分为任务效率和关系效率两个维度。其中，前者是与科研流程、资源、品质等密切相关的直接攻关活动，迄今有关团队绩效评价的内容主要围绕该维度开展研究；后者是与技能互补、沟通合作、学习共享等密切相关的间接攻关软环境，能够为团队内的泛社会化沟通起链接、协整与润滑作用，而目前尚未见基于该视角对团队关系效率进行评价的报道。鉴于此，将组织公民行为的解析思维引入工作组型团队的关系效率评价，有助于应对现有研究仅关注合作内容本身的研究局限，能够借助多层次的成员角色内外行为选择及状态判定，有效刻画该类型团队的关系效率内涵并促成评价方法的创新。

基于上述思考，本书依据权威型领导、民主型领导和共享型领导的领导风格划分思路，将分别探讨不同领导风格下跨层次组织协作、沟通共享、资源处置的非线性交互作用对员工组织公民行为的影响，借此实现关系效率内涵的分类刻画、影响因素作用特征的提炼归纳和管理效率评价方法的系统构建，具有重要的理论研究价值和实践研究意义。

二 关系效率评价内涵的分类界定

1. 关系效率评价内涵的分类阐述

不同于以往对效率的感知与评价，在组织公民行为视域下，工作组类型创新团队的"关系效率"是指对组织目标完成有促进作用的自发行为或与非特定工作熟练有关行为的单位产出，即团队成员角色内外行为共同催生的一种"投入－产出"关系。该效率范畴下，投入和产出要素除包含保证其完成任务的能力外，还可能包含与其他成员合作沟通、协调个人活动并对变化情境做出有效反应的能力。

基于这种认识，通过解析不同维度下工作组型创新团队成员间的角色内外行为，可以发现伴随团队发展的不同时期与任务周期，认知并测度任务、角色及其交互状态的互依性是决定其关系效率评价内涵与方式的关键。据此，综合国内外学者基于不同视角对不同领域及不同发展阶段的团队构建、知识共享、资源整合、沟通协作和解决核心矛盾等方面的研究成果，创新团队的关系效率评价具有普适性，任务、角色及二者的交互细节集中体现于公民组织管理有效性、沟通协作有效性和资源处置有效性三个维度，可结合既定团队的领导风格、协作沟通层次、决策体系等问题，梳理评价创新团队互依性的复杂内涵。按照团队整体管理状态、分视角管理状态和各视角下的管理状态的划分，工作组型创新团队的关系效率评价内涵层次分类如图 4－1 所示。

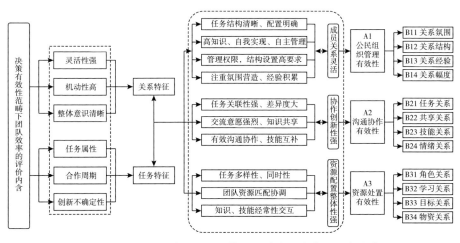

图 4－1　工作组型创新团队的关系效率评价内涵层次分类

（1）公民组织管理有效性（A1）——灵活性强

在清晰的团队任务结构下，工作组团队内高度知识化、注重自我实现的成员往往注重管理氛围的营造和管理经验的积累，同时也对管理权限及组织结构的设置优化具有较高要求。创新团队的领导风格、对团队员工的信任方式等内容，直接影响对团队整体成员相互关系转变态势的有效认知，进而影响具有组织文化属性的团队关系氛围（B11）（C. Zárraga 和 J. Bonache）[①]。根据组织目前的关系分布特点、任务配置需求和角色发展安排，需要判定并保持重新设计组织关系结构（B12）的动力，以平衡团队内外的流动性干扰（T. R. Browning）[②]。团队自主管理传统的保留和组织外部自主管理方法理念的积极习得，对由互依状态调整趋势形成关系经验（B13）的积累具有重要影响（齐昕等，2016：131－137）[③]。与决策方式紧密相关的授权幅度、成员对权利的态度等同样对组织公民行为的激发转化具有深远影响，导致由连续调整互依状态形成的关系幅度（B14）逐步被成员接受和遵循（J. P. Sharma 和 N. Bajpai）[④]。

（2）沟通协作有效性（A2）——机动性强

充分发掘工作组团队的攻关优势，需要在保障任务设置合理性的前提下，实现有效沟通协作和知识技能互补。工作组团队中错综复杂的任务关系（B21）决定了其交流需要，交流意愿影响了交流需求。从成员能动性的调集角度看，成员素质、团队沟通协作氛围对交流意愿的形成有主要影响，而团队中的知识共享关系（B22）和互补的技能关系（B23）则为团队学习共享和有效沟通协作提供了基本途径（P. E. Spector 和 S. Fox）[⑤]。此外，学科差异度、任务关联度及沟通组织方式匹配度都关系到知识共享的

---

① C. Zárraga and J. Bonache, "The Impact of Team Atmosphere on Knowledge Outcomes in Self - managed Teams," *Organization Studies* 5（2005）：661－681.

② T. R. Browning, "Applying the Design Structure Matrix to System Decomposition and Integration Problems: A Review and New Directions," *IEEE Transactions on Engineering Management* 3（2001）：292－306.

③ 齐昕等：《员工远程工作意愿形成机制及其干预研究》，《华东经济管理》2016 年第 10 期，第 131～137 页。

④ J. P. Sharma and N. Bajpai, "Teamwork a Key Driver in Organizations and Its Impact on Job Satisfaction of Employees in Indian Public and Private Sector Organizations," *Personality & Social Psychology Bulletin* 4（2014）：815－831.

⑤ P. E. Spector and S. Fox, "An Emotion - centered Model of Voluntary Work Behavior: Some Parallels between Counterproductive Work Behavior and Organizational Citizenship Behavior," *Human Resource Management Review* 2（2002）：269－292.

实际效果，这种情形下除科研氛围、竞争环境对科研成果产出水平有影响外，由紧密业务关联及局部人际关系导致的情绪关系（B24）同时对团队知识的有效学习共享具有重要影响（K. J. Lauver 和 A. Kristof - Brown）[1]。

（3）资源处置有效性（A3）——整体意识清晰

多任务推进的攻关情景下，高效率运作和高质量成果的产出需要多种团队资源的匹配协调，如充分的人力资本保障、异质互补的知识和技能、科学合理的绩效评价方法、包容性与前瞻性的指引目标等。为执行多样化的科研任务与管理职能，创新团队的任何一项科研活动都离不开技术、管理、财务、协调、沟通等多元角色关系（B31）之间的相互作用（陈国权）[2]。以解决实际问题为导向的前沿领域知识、实用技能和管理技巧，在经常性交互的前提下往往会形成广泛的学习关系（B32），为开发成员合作潜能并提高团队成果层次提供了重要保障（D. Knight 等）[3]。由目标达成度、原创成果量、自我满意及外部满意等形成的目标关系（B33），同样对挖掘成员创造力、营造公平竞争科研环境具有重要贡献（N. Katoh 等）[4]。资源关系的重新配置在很大程度上体现了效率的配置理念，因此由学术影响、经济效益、管理水平、组织凝聚力所共同表征的物资关系（B34）对强化团队日常管理、督导团队长期改革、实现团队高层次和谐具有深远意义（J. Gläser）[5]。

2. 三类关系效率概念阐释

基于对工作组型创新团队效率评价维度及其内涵的认识，将其具有的"灵活性强、机动性高、整体意识清晰"等关系特征与其"任务属性、合

---

[1] K. J. Lauver and A. Kristof - Brown, "Distinguishing between Employees' Perceptions of Person - Job and Person - Organization Fit," *Journal of Vocational Behavior* 3（2001）：454 - 470.

[2] 陈国权：《团队学习和学习型团队：概念、能力模型、测量及对团队绩效的影响》，《管理学报》2007 年第 5 期，第 602 ~ 609 页。

[3] D. Knight et al., "The Relationship of Team goals, Incentives, and Efficacy to Strategic Risk, Tactical Implementation, and Performance," *Academy of Management Journal* 2（2001）：326 - 338.

[4] N. Katoh et al., "Resource Allocation Problems," *Handbook of Combinatorial Optimization* 3（2013）：159 - 260.

[5] J. Gläser, "Where to Go for a Change：The Impact of Authority Structures in Universities and Public Research Institutes on Changes of Research Practices,". *Research in the Sociology of Organizations* 42（2014）：297 - 329.

作周期与创新不确定性"等任务特征相结合，依据团队合作者间的交互支撑、共同创造与平行推进三种工作状态，将关系效率划分为交叉关系效率、汇聚关系效率和平行关系效率三种类型，提出如下三种类型的关系效率定义（分别用 V1/V2/V3 表示）。

（1）工作组型创新团队的交叉关系效率（V1）强调螺旋任务情景下的多课题投入产出配置水平测度，是指在满足串联、并联混合任务关系对前置效率、短板效率、均衡效率平衡处置需求的前提下，团队内数个共同从事关联子课题研究的成员，在执行具有交互支撑关系数个研究任务的过程中，优化串联任务质量控制、协调并联任务整体进展，以核心课题研究需求为资源配置导向，通过协调、平衡、改善自身参与核心课题及关联课题的效率要素投入，涌现的面向团队整体子课题的单位效率产出情况。

（2）工作组型创新团队的汇聚关系效率（V2）强调串联任务情景下的多课题投入产出配置水平测度，是指在满足串联任务关系对链状子课题间前置研究的关联效率与短板效率协调需求的前提下，团队内共同从事多个关联子课题研究的成员，在执行数个具有共同创造关系研究任务的过程中，保障关键任务效率水平、提升关联任务效率匹配程度，以满足衔接课题的进阶创新需求为资源配置导向，通过沟通、学习、转换自身参与创新攻关流程的效率要素投入，涌现的面向团队整体子课题的单位效率产出情况。

（3）工作组型创新团队的平行关系效率（V3）强调并联任务情景下的多课题投入产出配置水平测度，是指在满足并联任务关系对同等层次子课题间相对研究进展的均等效率与可靠性效率控制需求的前提下，团队内数个共同从事关联子课题研究的成员，在执行具有并联推进关系数个研究任务的过程中，忽略前置或后置关联任务的效率干扰，仅以满足该课题的当期创新需求为资源配置导向，在确保自身预期效率水平的前提下，通过激发、提取、融合自身参与创新攻关流程的效率要素投入，涌现的面向团队整体子课题的单位效率产出情况。

3. 三类关系效率管理启示

（1）交叉关系效率适用于螺旋任务情景下的复杂任务关联响应与处置。由于团队成员往往"身兼数职"，而不同子课题对既定成员的角色、能力和条件的要求差异显著，因此这些成员将依据个人参与策略在多个子课题内获取或分配与"组织管理""沟通协作""资源处置"相关的投入／产出要素，最终团队整体的管理效率受制于个人贡献、子课题效用和创新周期等方面形成的情景特征。例如：为应对多学科联合攻关形成的跨地区、行业、领域的研究团队，在组建至解散或转型的不同时期，如果任务关系逐渐清晰、合作路径日趋明朗、效率状态响应策略不断成熟，则局部效率与整体效率均能得到突破性涌现。

（2）汇聚关系效率适用于串联任务情景下的链状任务关系协调与处置。由于具有串联关系的多个子课题对前置研究具有关联效率需求，因此在应对短板效应、提升关键效率的前提下，只有对接不同创新攻关流程的差异化效率作用，才能最终确保团队整体管理效率保持稳定或增长。例如：具备常态化合作研发基础的多个团队间，除技术架构、职责权限、控制策略、激励体系等软硬件基础良好外，还可能因个别敏感事件积累形成合作壁垒，难以满足衔接课题的进阶、深层次交互创新需求，需要降低管理重心至关键任务管控与协调层面，以规避短板效率、提升关联效率。

（3）平行关系效率适用于并联任务情景下的平等层次任务关系控制。由于具有并联关系的多个子课题相互独立，因此并无关联的前置或后置效率干扰，可以在确保自身效率水平的前提下，最终实现团队整体管理效率的稳定或增长。例如：跨学科联合创新群体内承担局部任务的多个团队间，由于任务界限相对清晰，子团队均从事常规研发业务，此时在该层次内的成员间彼此不存在明显的合作关系，仅需满足所属课题的当期创新需求，在确保任务设立初期预期效率配置要求的前提下，即可保障局部至整体的合作效率涌现水平。

三 关系效率的影响因素及作用特征提取

在工作组型团队中，交叉关系效率、汇聚关系效率和平行关系效率三种效率类型，反映了螺旋、串联、并联三种任务情景下团队合作者间的交互支撑、共同创造与平行推进三种工作状态。由于不同合作情景下的管理效率涌现方式、途径及其复杂性差异显著，且管理学意义上的效率属性不尽相同，因此需要借助以上效率评价内涵、评价维度的研究结论，从评价的系统性、结构性和包容性三个层面进一步提炼关系效率的影响因素（属性）及其特征。工作组型创新团队交叉效率影响因素复杂作用关联如图4-2所示，列举关联的具体阐释如下。

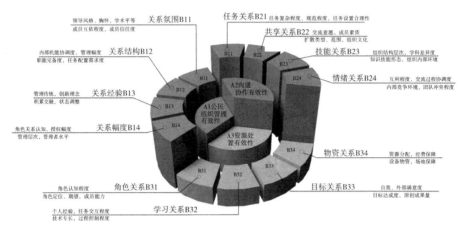

图 4 - 2 工作组型创新团队关系效率影响因素分类

1. 公民组织管理对关系效率要素的影响

权威型领导主要通过不同成员对权力距离（可接受的权力不平等程度）的信任程度影响各从属方团队的组织公民行为，并通过领导权力的掌控程度、组织结构建设和管理情绪氛围等途径对团队整体的投入产出倾向产生多重复杂影响（S. Amundsen 等）[1]；共享型领导主要通过奖赏权、专长权、心理授权和参与权等公民权利的开放式安排，对团队整体的投入产出倾向产生多重复杂影响（P. Lau 等）[2]。以上影响主要表现为：①由于经常性刻意与下属保持距离，且无意间采用与自主行为相关的负向激励，因此从属成员工作的积极性和主动性较低，成员参与组织内社会交换的内在动力不足，职责外的组织公民行为相继减少，不利于创新管理过程中的关系经验（B13）积累；②权威型领导往往具有命令式决策方式，要求下属

---

① S. Amundsen and Øyvind L. Martinsen, "Empowering Leadership: Construct Clarification, Conceptualization, and Validation of a New Scale," *Leadership Quarterly* 2 (2014): 487 - 511.

② P. Lau et al., "Developing Students' Teamwork Skills in a Cooperative Learning Project," *International Journal for Lesson & Learning Studies* 1 (2014): 80 - 99.

无条件服从，仅保留上级对下级的单向沟通，保持相对距离并隐匿个人想法，在严格纪律要求和高绩效标准的条件下形成严明的纪律氛围，易于构建控制机制完整的关系结构（B12）；③不同于权威独断型领导，共享领导倾向于使用品质、魅力、资历、背景等增强下属信服并追随的权力，通过调动专业知识和技能所带来的专长性权力，以及支持、鼓励、推荐等所带来的间接奖赏权力，有利于团队形成良好的关系氛围（B11）；④共享型领导风格下，当员工体验高水平的心理授权时，高满意度、高承诺度和高认同度等组织公民行为效应会提升关系幅度（B14）的张力与应力，有助于组织产生积极的效率情绪，激发更多的合作意向。

2. 沟通协作对关系效率要素的影响

知识共享和技能互补是团队化运作汇聚个体成员散点优势的重要途径，成员间不同层次、方式与方法的交流合作，不仅将带动知识、技能、理念的快速传递，而且能够借助个人间、群体间、课题间的正式或非正式交互实现信任、理解与相互制约，从不同侧面对团队整体效率的稳定性与内生性产生复杂影响（许成磊等）①。这种影响主要表现为：①由于目标多元、研究方向局部交叉，工作组型团队往往面临周期、技术要点和攻关难度差异明显的多个任务，需要多学科成员的共同参与及配合，因此在保障组织形式灵活性优势的前提下，梳理优化任务关系（B21）对团队整体的效率关联具有重要意义；②多任务情景下，个体或单一任务的知识、技能、经验已远远不能满足团队整体研究需要，多领域成员沟通协作的工作状态已成为一种必然选择，致使由共享关系（B22）和技能关系（B23）二者交互作用产生的合作有效性与创新性对确定工作内涵的效率产出影响显著；③通过知识共享和技能互补可以提升组织的竞争力和抗风险能力，但绝对层面的共享合作是缺少实现空间的。实际合作环境下，成员之间或多或少都存在着利益纠葛，体现为个体层面、课题层面、团队层面的竞争与合作矛盾，而导致团队的知识共享意愿和知识共享动机千差万别。特别是在心理资本差异化作用的干扰下，受制于领导风格、管理方法和任务条

---

① 许成磊等：《创新团队和谐管理机制的主题辨析优化》，《管理学报》2014 年第 3 期，第 390 ~ 395 页。

件的限制，成员间的情绪关系（B24）将对人际互动过程中的沟通方式、合作理念、执行力度及变革黏性具有间接影响。

3. 资源处置对关系效率要素的影响

面向团队管理在微观层次对协同创新软环境的客观要求，基于组织公民视角考察团队资源，由于广义范畴下的团队资源不仅包括常规任务效率主要关注的物资关系要素，而且包括角色关系、学习关系和目标关系等关系效率要素，因此资源处置有效性对表征、测度及衡量团队投入产出水平的内涵、边界及不确定性具有复杂影响。这种影响主要表现为：①附着于差异化任务职能、多元化人际交互和动态化角色感知的团队角色关系（B31）反映了多重任务目标和利益诉求情况下的成员物质与心理关联，新老成员将在紧张有序的研究进展中不断从业务能力、心理素质、责任心和进取精神等方面强化角色意识，实现角色关系表达与姿态调整；②团队负责人将在长期观察、感知基础上建立系统的奖惩机制，广义上的学习关系（B32）将对增进团队目标导向的适应性和前瞻性产生积极作用，在信息不对称的情况下鼓励成员冲破单纯的"低效公平氛围"；③基于团队领导风格和团队角色关系感知，工作组型团队能够从学习导向、绩效导向和回避导向（避免消极结果）三个方面优化团队管理的目标关系（B33），配置任务和管理两类目标交互过程中产生的创新知识、经验积累，不断优化团队成员的组织角色结构；④经费、器材、物资、场地等基础科研投入物资属于任务效率关注的主要指标，成员间的沟通协作将带来更高层次的知识技能溢出效应，降低团队处置常规物资关系（B34）的成本，有效解决团队成员间的利益纷争和"偷懒"及"搭便车"问题。

四 关系效率评价方法构建

前文分析表明，工作组型创新团队的管理效率评价面临一系列具有多性状的微观投入产出参数，在复杂多变的合作攻关情境下，不仅关系经验、情绪关系和角色关系等要素具有投入产出的双重属性，而且基于交互支撑、共同创造与平行推进三种工作状态所考察的效率呈现特征也差异显著。鉴于此，在既定评价情景内的任务属性、合作周期与创新不确定性等维度交互影响下，如何从评价的系统性、结构性和包容性三个层面有效挖掘团队管理效率的评价内涵、筛选体现管理学效用的投入产出要素、明确要素间的效率呈递关联，已成为目前团队管理效率评价亟须应对的重点难点问题。

考虑到常规数据包络分析（Data Envelope Analysis，DEA）方法并未面向微观管理效率评价形成筛选效率要素投入产出属性、提炼效率呈递关联的可行方案，为实现对复杂关联的提取与转换需求，在此引入能够有效应对复杂情境下要素关联辨别与影响幅度测定的网络层次分析方法（Analytic Network Process，ANP）。借助二者的相互融合创新，本部分构建的评价方法能够充分结合效率评价专家组意见提取多样化效率评价情景的有效信息，实现微观管理情景、三类关系效率评价内涵、评价组织方的关注要点的充分集结。

1. 评价情景分析

效率评价组织方联合团队管理人员和相关领域专家形成评价专家组。在充分考虑效率评价专家组前期考察意见的基础上，从各团队（DMU）任务类型、管理方式、人员构成与关注的难点问题等方面着手，提取与任务、角色、任务角色交互相关的效率评价信息，供专家组决策参考。

2. 评价内涵界定与要素提取

依据以上提供的效率评价情景信息，专家组参照交叉、汇聚、平行三种关系效率的评价内涵，在结合各参评团队管理实情的基础上，判定待评价团队所对应的关系效率类型，从 12 个参考要素中提取团队内可能存在的效率评价要素，并使用 0 ~ 9 的 10 级标度对各要素的具体存在状态进行赋值标识（要求统一赋值规则，如数值范围及其相关方向），得到针对 i 个待评价团队及 j 个待评价要素的效率评价要素赋值矩阵 $A = [a_{ij}]$。

3. 关系结构搭建

专家组梳理创新团队关系效率评价要素的要素间作用关系，构造用于 ANP 分析的网络结构图。设整体而言的产出效率或投入效率评价目标为 G（用以区分具有双重属性的要素），不同准则层的效率评价维度为 $X_A (A = 1, 2, 3)$，网络层中的具体评价要素集合为 $Y = \{Y_j\} (j = 1, 2, 3, \cdots, 12)$。结合组织公民行为在理论层面对相关要素关联的判定观点，通过专家组对所评价问题的多轮次讨论分析，将该情景下的团队关系效率评价这个复杂系统分解为几个简单子系统。据此，通过问卷调查、专家咨询、会议讨论等方式，专家组以目标层为衡量基准考察准则层间、要素层间的相互作用强度，组建一个由所有影响要素和影响要素集合组成的网络结构。

4. 指标相对权重求解与类型划分

遵循集体判定给出的关系效率评价要素间的网络结构，专家组结合所提取的要素及其赋值并参照 Saaty 教授提出的 ANP 求解方法构建并求解判断矩阵（T. L. Saaty，2005：1 – 36）[①]。在构造判断矩阵的过程中，专家组将根据一定的两两比较准则，分析网络结构中具有相互作用的元素。据此，将准则层 X_A 作为子评判标准可得到 3 个判断矩阵 S_x，在求解矩阵并经归一化处理后可得到相应准则层对其他各准则层的影响权重列向量 ω_{xj} 及其加权矩阵 M，同理继续构建准则层和网络层内部要素影响矩阵可得到反映所有要素相对权重的初始超矩阵 W。W 与 M 分块相乘之后可得到列归一化的加权超矩阵 $\overline{W}$，其收敛的极限列值，即第 j 列为各要素相对于目标层的综合权重 ω_i。依据专家组意见，可根据要素的权重排序及分布情况，选取部分要素为投入（或产出）指标（取决于评价目标为投入导向或是产出导向）。

5. 效率评价与反馈

在应用 ANP 方法提取产出指标和投入指标的基础上，提炼效率要素间的作用关联并应用于 DEA 方法的效率测度环节。参照 T. L. Charnes 等学者的 DEA – CCR 模型求解方法，使用考虑权重的投入及产出数值计算各团队的关系效率评价值。依据得到的效率评价结果，能够实现效率评价信息的回溯分析与定向反馈。具体步骤：首先，结合给出的分析结果及不具效率的方式，讨论该团队在管理中出现的实际问题；其次，按照情景类别的划分及要素权重分布，解析出现问题的原因；最后，结合相对效率提升的可行性空间，给出团队管理的优化策略及解决措施。

五 实例验证

以某一工科高校内承担不同国家自然科学基金项目的 13 个工作组类

---

① T. L. Saaty，"Making and Validating Complex Decisions with the AHP/ANP," *Journal of Systems Science & Systems Engineering* 1 (2005)：1 – 36.

型创新团队（$U_1 \sim U_{13}$）为例，评价分析这些团队微观管理涌现的关系效率。为全面了解各创新团队的管理风格、任务特性与创新组织特征及相关管理难点问题，形成团队关系效率评价要素及其关联的系统探析基础，我们首先邀请熟悉团队内部管理实情的 5 位管理人员、3 位团队管理专家及 1 位评价负责人组成专家组，并依据 1 和 2 的方法进行各团队关系效率评价内涵界定、要素提取及其存在状态评分，赋值结果如表4－1所示。

表4－1　案例团队的关系效率评价要素及赋值

		U1	U2	U3	U4	U5	U6	U7	U8	U9	U10	U11	U12	U13
关系氛围	B11	4	6	4	4	5	5	6	7	7	4	8	5	8
关系经验	B13	7	6	8	8	7	7	6	5	5	8	4	7	5
任务关系	B21	6	7	3	6	4	5	6	7	6	4	8	5	6
情绪关系	B24	6	7	3	5	4	6	7	6	8	6	6	6	7
角色关系	B31	7	5	9	6	8	7	7	4	5	8	5	6	4
物资关系	B34	5	6	4	5	6	5	7	8	7	5	7	6	7
关系效率类型		平行	平行	交叉	汇聚	平行	交叉	汇聚	汇聚	交叉	汇聚	交叉	交叉	平行

在此基础上，专家组依据产出效率导向及 3、4 方法对评价团队关系效率的准则间、要素间关联做出两两相对重要性判定，进而得出团队关系效率要素间作用关联的无权重超矩阵、加权超矩阵、准则层关系矩阵、极限超矩阵（如表4－2～表4－5），最终得到网络层要素 $Y_1 \sim Y_6$ 的综合权重分别为 0.0869、0.3131、0.0833、0.2167、0.2344、0.0656。

表4－2　关系效率要素间作用关联的无权重超矩阵

	Y1	Y2	Y3	Y4	Y5	Y6
Y1	0.1250	0.1250	0.8333	0.8750	0.0000	0.0000
Y2	0.8750	0.8750	0.1667	0.1250	0.0000	0.0000
Y3	0.0000	0.0000	0.1667	0.1667	0.8333	0.8333
Y4	0.0000	0.0000	0.8333	0.8333	0.1667	0.1667
Y5	0.2500	0.7500	0.0000	0.0000	0.1667	0.1250
Y6	0.7500	0.2500	0.0000	0.0000	0.8333	0.8750

表 4-3 关系效率要素间作用关联的加权超矩阵

	Y1	Y2	Y3	Y4	Y5	Y6
Y1	0.1094	0.1094	0.1389	0.1458	0.0000	0.0000
Y2	0.7656	0.7656	0.0278	0.0208	0.0000	0.0000
Y3	0.0000	0.0000	0.1389	0.1389	0.1389	0.1389
Y4	0.0000	0.0000	0.6944	0.6944	0.0278	0.0278
Y5	0.0938	0.0313	0.0000	0.0000	0.7292	0.6944
Y6	0.0313	0.0938	0.0000	0.0000	0.1042	0.1389

表 4-4 关系效率准则层关系矩阵

	A1	A2	A3
A1	0.8750	0.1667	0.0000
A2	0.0000	0.8333	0.1667
A3	0.1250	0.0000	0.8333

表 4-5 关系效率要素间作用关联的极限超矩阵

	Y1	Y2	Y3	Y4	Y5	Y6
Y1	0.0869	0.0869	0.0869	0.0869	0.0869	0.0869
Y2	0.3131	0.3131	0.3131	0.3131	0.3131	0.3131
Y3	0.0833	0.0833	0.0833	0.0833	0.0833	0.0833
Y4	0.2167	0.2167	0.2167	0.2167	0.2167	0.2167
Y5	0.2344	0.2344	0.2344	0.2344	0.2344	0.2344
Y6	0.0656	0.0656	0.0656	0.0656	0.0656	0.0656

结合上述要素权重分布情况，专家组选取权重数值排位在前 30%（前 2 位）的要素为产出指标，其余要素为投入指标，在对初始赋值进行加权求和后应用 5 给出的产出导向下 DEA-CCR 模型对 13 个案例团队进行关系效率评价。若沿用常规管理效率评价思路，参照专家意见仅选取具有成果属性的要素 Y3 和 Y6 作为产出指标，且直接使用初始赋值信息执行相同的效率评价方案，可得到与本书评价方法差异显著的效率评价结果。本书评价方案及常规方案得到的简要效率评价结果如表 4-6 所示。为简洁起见，与评价结果解析相关的整体冗余信息及各 DMU 效率信息不在此赘述。

表 4-6　本书及常规评价方案的效率评价结果

决策单元	本书方法评价结果				常规方法评价结果			
	综合效率	纯技术效率	规模效率		综合效率	纯技术效率	规模效率	
U1	0.875	0.875	1.000	—	1.000	1.000	1.000	—
U2	0.500	0.750	0.667	drs	0.987	1.000	0.987	drs
U3	1.000	1.000	1.000	—	0.933	1.000	0.933	irs
U4	1.000	1.000	1.000	—	1.000	1.000	1.000	—
U5	0.711	0.889	0.800	drs	1.000	1.000	1.000	—
U6	0.700	0.875	0.800	drs	0.825	0.833	0.991	drs
U7	0.519	0.778	0.667	drs	0.995	1.000	0.995	drs
U8	0.357	0.625	0.571	drs	1.000	1.000	1.000	—
U9	0.357	0.625	0.571	drs	0.875	0.875	1.000	—
U10	1.000	1.000	1.000	—	1.000	1.000	1.000	—
U11	0.286	0.500	0.571	drs	1.000	1.000	1.000	—
U12	0.700	0.875	0.800	drs	0.995	1.000	0.995	drs
U13	0.357	0.625	0.571	drs	0.848	0.875	0.970	drs
均　值	0.643	0.801	0.771		0.958	0.968	0.990	

注：表中 - 为规模效率不变，drs 为规模效率递减，irs 为规模效率递增。

　　分析表 4-6 可知，本书方案测度的整体综合效率为 0.643，识别出的相对具有效率团队为 U1、U3、U4、U10；常规方案测度的整体综合效率为 0.958，识别出的相对具有效率团队为 U1、U4、U5 和 U8 ~ U11。这种分析结果表明，分别应用两种效率评价方案得到的整体测度结果差异显著，本书所构建的方案不仅整体效率识别结果更具参考价值，而且面向综合效率、纯技术效率和规模效率得到的具体测度信息更具解读优势。例如：虽然团队 U1 在两种评价方案中都具有效率，但新方案有效甄别出了该团队在纯技术效率层面的不足，可以进一步结合平行效率内涵中自身具有的规模效率递减情况，考虑针对情绪关系（在投入要素中权重最大）改善投入质量，借助强化业务考核、规范管理制度等方法减少情绪关系对相关投入的不利影响。以上分析结论表明，应用本书所构建的效率评价方案可以有效结合目前管理效率评价的特殊需求，不仅实现投入产出指标的系统识别和作用关联提取，而且可以结合三类关系效率内涵形成面向不同产出风格的针对性评价结果，即本书所提出的关系效率分析理论及评价方案有效、可行。

六 小结

面向创新团队管理效率评价在评价理念、评价理论与评价方法方面存在的创新需求，本书针对工作组型创新团队这一重要攻关组织形式的效率评价问题，选择组织公民视角为切入点提出了评价其关系效率的一套基础理论和方法。首先，针对工作组型创新团队所具有的灵活性强、机动性高、整体意识清晰三个基本特征，结合该类型团队面临的任务属性、合作周期与创新不确定性，解析其任务、角色及其交互状态的互依性，据此提炼出组织公民行为管理有效性、协作沟通有效性与资源处置有效性三个关系效率解析维度；其次，关注管理效率的微观内涵，引入组织公民行为形成团队成员角色内外行为的关联分析策略，将这种策略下成员整体共同催生的一种"投入－产出"关系引申为关系效率的探讨范式，并据团队合作者间的交互支撑、共同创造与平行推进三种工作状态，提炼形成交叉关系效率、汇聚关系效率和平行关系效率三种效率概念；再次，为有效刻画团队管理效率的多性状微观投入产出参数，组合应用 ANP 方法和 DEA 方法形成能够系统评价关系效率的创新方案，依据所构建的效率要素赋值、关联测度与筛选方法，形成了能够有效挖掘团队管理效率的系统性、结构性和包容性方案；最后，结合面向某一高校 13 个工作组型团队开展的案例应用，检验了以上理论和方法的可行性及有效性。通过以上研究，本书初步形成了应对复杂管理情景下工作组型创新团队效率评价的完整方案，对近似创新型组织及不确定型管理情景下的软环境运行效率评价具有一定借鉴意义。

通过本章研究，可以进一步明确不同类型创新团队不同种类效率的评价机制和特征内涵。在下一章中，本书将基于资源处置有效性对表征、测度、衡量效率的不确定性、动态性、融合性具有复杂影响的出发点，进一步对资源观视角下的融合效率进行研究。

第五章

网络型创新团队的融合效率

一 问题引出

层式类型创新团队的效率水平是资源融合和创新能力的集中体现，多任务推进攻关情境下的工作组型创新团队需要多种团队资源的匹配和协调才能实现高效率运作，由此可知，资源的获取、匹配、利用的融合过程直接关系到团队效率的高低，同时不论是结构效率还是关系效率都是对以往团队投入产出水平的静态评价，而作为以上两种团队"结合体"的网络型创新团队，该类型团队在资源观视角下的效率评价呈现出动态不确定的复杂新特征，下文将对其进行详细阐述。

网络型创新团队是指组织内或跨组织间的具有核心地位的少数团队，排除层次等级、组织边界和地区局限，依据项目研究的角色、技能与任务需要，打破地区封锁，克服专业技能的局限性，通过实现对外围研究子团队的选择、控制与统筹等功能，而保障既定研究目标实现或控制预期研究优势的创新型研究群体。由于该类团队能够灵活地融合不同技能、专业知识与背景项目成员的优势资源，因此在团队发展稳定期与转型期更具管理优势，可以透过技能互补、协同合作、信任沟通等长效机制的建立完善，有效降低内外合作成本，控制潜在收益。作为稳定研究型组织中存在最为广泛的一种团队类型，网络型团队具有层式职能型团队与工作组团队的共同优势，特点是成员可依据项目需要自由流动、自行组织或解散，且知识与信息的网状交流易于发生，有利于成员间创新思想的激发与共享。同时，也由于其机动性强、灵活性高的特征，网络型创新团队目前普遍存在于对创新性要求较高、需要多学科横向协作的联合研究群体中，面临更加复杂的资源融合问题，因此解析评价该类型团队的融合效率具有重要的研究价值。

需要指出的是，作为具有显著"融合"特色的一类团队，在高度灵活性和集成性成为团队优势的同时，也使得组织边界模糊、外部环境不确定与治理策略调整导向多元等远期影响可能对预期"融合"效果产生复杂影响。表现为：不同合作子团队或成员间的联合诉求、基础与可控性等差异显著，面向某一核心团队所关注的具体愿景，其融合效率不是多个主体产生效率的简单相加，而是与团队发展阶段、团队氛围和资源融合过程等息息相关的呈现螺旋动态变化的双向效率呈现形式。网络型创新团队的合作效率评价反映出面向动态趋势的多主体、多维度、多阶段"融合"需求，而至今为止未见针对动态效率评价，特别是适应上述融合特征的效率评价成果。目前，虽然国内外学者对创新团队的效率问题进行了广泛探索，但是现有研究仍集中于对往期无交互要素的效率评价，未能有效刻画不同效率融合趋势下的"过程性"效率动态涌现复杂性。鉴于作者前期研究发现团队技能结构、角色结构、任务结构的多样性普遍存在，所以借此探究契合网络型创新团队特征和效率动态呈递的管理视角是目前创新团队效率评价的突破点和立足点。

资源基础观（Resource Based View，RBV）的基本思想是把企业视为资源的融合体，企业通过不断重构其资源基础，确保其满足融合效率的趋势演进要求，来适应外部环境的不确定性并形成持久的竞争优势，对解析融合效率的动态不确定性、未来性和复杂性具有重要研究意义。基于资源观，网络型创新团队可视作各种资源的融合体，通过策略性或战略性选调具有不同技能、不同专业知识和背景的成员，以推动资源共享、建立临时秩序、增进相互协作的形式共同完成任务。由于合作过程中存在地位不对等、预期不一致、信息不对称等"非协调"状态，因此团队成员间普遍存在不平等关系，而这将导致合作过程中必然产生信任差异问题。B. A. D. Jong 等[①]、

---

① B. A. D. Jong and T. Elfring, "How does Trust Affect the Performance of Ongoing Teams? The Mediating Role of Reflexivity, Monitoring and Effort," *Academy of Management Journal* 3 (2010): 535 – 549.

赵西萍等①、秦开银②等学者认为信任是不断演变的，通过促进成员间的资源共享和知识协同，可以不断提升团队沟通开放性，降低监督和融合成本，最终改善团队效率。然而，针对团队发展周期的研究也表明，即使团队成员间存在资源互补，相互信任基础上的高效率也很难产生。这种情景，即 Tuckman、Gersick、Jehn 等学者指出的"群体沟通互动模式和团队效率具有匹配性差异"现象，局部的高融合状态并不能得到高效率，低融合状态也可因"合作周期"问题而得到相对高效率，因此团队的发展阶段、成员间的信任度、资源融合有效性三者是相互交叉影响的。基于上述思考，本书将资源观的解析思维引入网络型创新团队的融合效率评价，可以同时考虑资源观与成员间的信任、团队生命周期对效率的连带作用，有助于应对现有研究仅关注当期效率的研究局限，能够借助资源异质性的重构、融合效应趋势的判定、不同团队时期的特征和信任的演变，有效刻画该类型团队的融合效率内涵并促成评价方法创新。

迄今，未见有关资源融合效率评价方法的报道，也未见有学者将资源融合过程、信任的演变、团队的生命周期集中于一个框架内并对资源融合效率进行综合研究。仅有董保宝等③、汪秀婷等④学者探讨了资源融合、团队竞争优势、动态能力等个别维度的作用关联，并未形成对环境因素、动态能力、资源融合过程、协同创新、战略选择与企业竞争优势之间复杂关系的整合评价。基于以上思考，为有效评价网络型创新团队的资源融合动态效率，本书在团队生命周期、资源融合过程、信任的演变三个维度对资源融合效率的影响辨识和特征辨析的基础上，将根据资源融合效应趋势提出三种不同的效率概念，即"放大型融合效率、稳定性融合效率、消减型融合效率"（详见下文"三类融合效率的概念阐述"部分分析），构建基

---

① 赵西萍等：《团队能力、组织信任与团队绩效的关系研究》，《科学学与科学技术管理》2008 年第 3 期，第 155～159 页。

② 秦开银等：《临时团队中知识共享对快速信任与绩效关系的调节作用研究》，《管理学报》2010 年第 1 期，第 98～102 页。

③ 董保宝、葛宝山：《新创企业资源整合过程与动态能力关系研究》，《科研管理》2012 年第 2 期，第 107～114 页。

④ 汪秀婷、程斌武：《资源整合、协同创新与企业动态能力的耦合机理》，《科研管理》2014 年第 4 期，第 44～50 页。

于多属性群决策方法（Multi – attribute Group Decision Making，MAGDM）和数据包络分析方法（Data Envelope Analysis，DEA）的融合效率评价方法并进行案例应用，以期实现基于当期数据对未来资源融合效率的动态评价，具有重要的理论研究价值和实践研究意义。

二　融合效率的评价维度分析

1. 资源融合、团队发展与信任演变

网络型创新团队中，参加项目的成员来自不同的部门或不同的组织，工作带有临时性，不同团队生命周期下项目成员间的信任程度、资源融合过程存在差异，因此在任务属性、合作周期与信任程度等维度的交互影响下网络型创新团队的融合效率具有动态不确定性，基于某一时点判定的未来效率走势，可以上升、可以下降或保持平稳。本书以网络型创新团队的生命周期为主要轴线，以资源融合过程、信任的演变过程为次要轴线，参照不同信任水平的差异状态，解析并评价网络型创新团队资源融合效率的动态呈现效应。以上三个维度的每一阶段有如下划分：①由网络型创新团队的发展轨迹可知，团队不同阶段的协作深度、信任水平、资源融合过程具有显著差异，以 Tuckman 等研究的团队发展过程为依据，可将网络型创新团队的生命周期划分为组建期、磨合期、规范期、执行期四个阶段（B. W. Tuckman 和 M. A. C. Jensen）[1]。②合作中由于信息不对称，团队成员间存在着不平等关系，信任则贯穿于团队的生命周期内，随着团队的不断发展而不断演变，从团队生命周期的视角出发可将信任的演变分为谋算型信任、威慑型信任、了解型信任、认同型信任四个过程[2]。③目前，国内外学者对资源融合过程的划分已有相对成熟的研究，Amit & Schoemakerl，饶扬德等学者将其分为"资源的识别与获取""资源的配置与利用""资源的激活与融合"三个环节，本书对资源融合过程的划分借鉴董保宝

---

①　B. W. Tuckman and M. A. C. Jensen, "Stages of Small – group Development Revisited," *Group & Organization Management* 4 （1977）: 419 – 427.

②　P. Kanawattanachai and Y. Yoo, "Dynamic Nature of Trust in Virtual Teams," *Journal of Strategic Information Systems* 3 – 4 （2002）: 187 – 213.

等学者的观点，他们将其分为四个环节：资源识别、资源获取、资源配置
和资源利用[①]。

　　团队信任的形成在很大程度上与其独特的资源融合方式及其发展历程
中的交互作用紧密相连，团队通过资源融合过程形成了独有的资源价值体
系，为团队成员间的相互了解、信任及稳定合作奠定了坚实基础。伴随该
团队演进过程，信任的集聚及转化成为组织内的一种关键资源，团队资源
整合的对象、层次、结构、内容等都因此发生了相应变化，并导致团队融
合效率呈现动态变化趋势。不同团队阶段、信任类型、融合过程组合下的
多样资源融合效率所具有的多种可能性如图 5 - 1 所示。

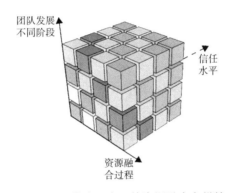

图 5 - 1　三维度组合下的资源融合多样性

2. 组建期创新团队的融合效率个例

　　在此以组建期创新团队的融合效率为例阐述不同时期融合效率的动态可
能性。当网络型创新团队处于组建期谋算型信任资源识别阶段时，在团队成
立之初，团队合作既没有团队文化规范也没有组织制度保障，临时选调的具
有不同基础的团队成员对彼此的合作动机、心理预期和能力水平都不甚了
解，信任主要是建立在第一印象和过去经验基础上的谋算型信任。此种信任
情景下，合作中的资源拥有者以他人的努力程度、行为方向及自身的能力水
平为行动取向，感知到较高的合作风险，缺乏奖酬和个人成就的激励，往往
等候他人采取实质性的努力和付出后才会共享资源、互惠互利进入真正的合

---

　　①　董保宝等：《资源整合过程、动态能力与竞争优势：机理与路径》，《管理世界》2011 年
第 3 期，第 92～101 页。

作状态，所以此时的团队处于边缘化、利益化、松散化的合作状态，团队的
资源识别过程无形中增加许多时间成本、资源损耗成本和管理成本，且达不
到预期合作效果；又由于资源识别过程是资源融合过程的起点，关系到资
源融合的成败，因此如果不充分识别资源，那么所涉及资源的后续作用流
程都将受阻，基于以上分析可知此种状态下的组合是低效率的。

当网络型创新团队处于组建期了解型信任资源配置阶段时，由于此时
的团队信任产生于成员之间的深入了解与支持配合的基础之上，因此表现
出较高的信任水平，团队成员会主动分享自己的资源，团队能更好地按照
资源之间相互匹配、互为补充及相互增强的原则，有机融合团队自身拥有
的资源和在前期识别阶段、获取阶段集结的对自身有利的外部资源，匹配
出新的独有资源优势内化于团队。通过这种匹配行为和信任基础，不仅为
团队带来了新的战略资源，更形成了一种内化的融合能力，这种能力是竞
争对手无法模仿、无法复制的，也是团队获取持续竞争优势和高效率的动
力，因此此种状态下的组合是高效率的。

以上所述情景仅是网络型创新团队组建期的两种组合状态，当团队处
于组建初期时，不同的信任类型不同的资源融合阶段可以形成 16 种不同的
资源融合阶段状态。从图 5-1 我们截取组建期的截面，绘制出组建期中三
维度组合的一种类型，如图 5-2 所示。诚然，不论是团队磨合期还是规范
期抑或是执行期，都有类似的效率组合和动态变化，所以不同团队发展阶
段不同信任类型不同资源融合阶段的组合中我们可以得到 N 种不同的资源
融合过程和融合效率。

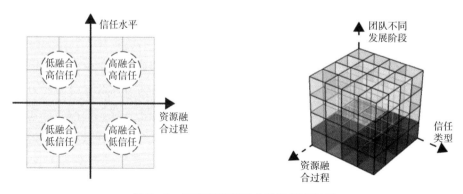

图 5-2　组建期资源融合阶段状态示意

3. 三维度之间的耦合关系

在网络型创新团队组建初期和磨合期，团队的资源融合和协同合作基本处于被动适应阶段，整合协同的层次、对象以内部为主，其组织学习能力、技术创新能力和竞争力还较弱，随着团队的不断发展，团队积极对所获取的资源进行优化配置和利用，重构新的资源体系，在吸收和消化引进技术与经验的基础上，加强与外部组织间的联盟和合作，形成多元主体联合创新、协同推进的局面，团队学习能力逐步提高，网络式创新效应得到较好的发挥。在保持低成本、差异化竞争优势的基础上，团队的优势日益凸显，竞争力逐渐增加，自主创新能力也大幅提升，使得团队在动态环境中保持了持续竞争优势（D. G. Sirmon 和 R. D. Ireland）[①]。在获取阶段性优势后，借助于团队的凝聚力和团队间的信任，网络型创新团队继续实现新一轮资源整合和发展，使其能力跃升到一个更高层次从而进入一个新的自主发展平台。另一方面网络型创新团队的竞争优势不断提高，并不代表团队资源融合效率会一直增加，即使是处于规范期认同型信任的团队状态之下资源融合效率也可能会受到外界环境或者内部激励等因素的影响导致低效率，而只有当一切因素和条件达到平衡和谐状态时效率才是最高的，所以网络型创新团队的资源融合效率是动态螺旋双向上升的，既有可能增加也有可能降低，不是简单的线性增加。资源融合、团队发展与信任演变之间的耦合关系如图 5 - 3 所示。

三　三类融合效率的概念阐述

1. 融合效率分类依据

网络型创新团队的管理效率关注的是在某一效率融合结构与程度的基础上，由资源融合、团队发展与信任演变三维度交互影响，所形成的团队单位人才、任务、技能、管理及相关资源投入带来的创新成果、成员满意度、团队凝聚力与融合影响力的预期产出水平。网络型创新团队

---

① D. G. Sirmon and R. D. Ireland，"Managing Firm Resources in Dynamic Environments to Create Value: Looking inside the Black Box," *Academy of Management Review* 1 (2009): 273 - 292.

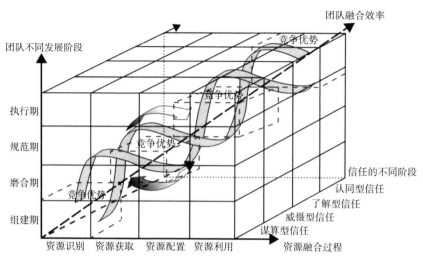

图 5 - 3　资源融合、团队发展与信任演变之间的耦合关系

作为一个开放的资源融合体，具有灵活适应性和动态不确定性的显著特征，其资源融合是不同结构、不同层次、不同内容和不同来源的资源要素相互影响、相互作用和相互匹配的动态过程（S. I. Newbert）[①]。在该过程中，不同时期多种信任情境下网络型创新团队的预期资源融合效率并非反映为团队单个资源产生效率的简单线性相加，而是对其预期复杂融合关系的效率"估计"。基于上述思考，本书更加注重融合过程中各要素的耦合互动与融合效应，并依据可能的效率变化预期状态，将融合效率划分为放大型融合效率、稳定型融合效率和消减型融合效率三种类型，各类效率预期的变化态势取决于信任和资源融合过程中的环境属性与合作阶段（隋杨等）[②]，其可能的融合水平取决于功能保障、优化配置、环境平台三者的融合效应（N. Griffith）[③]，三者的作用关系如图5 - 4所示。

---

① S. L. Newbert, "Value Rareness Competitive Advantage, and Performance: A Conceptual – Level Empirical Investigation of the Resource – Based View of the Firm," *Strategic Management Journal* 7 (2008): 745 – 768.

② 隋杨等：《创新氛围、创新效能感与团队创新：团队领导的调节作用》，《心理学报》2012年第2期，第237～248页。

③ N. Griffiths, "Enhancing Peer – to – Peer Collaboration Using Trust," *Expert Systems with Applications* 4 (2006): 849 – 858.

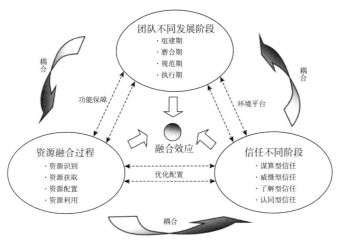

图 5 - 4 资源融合效应形成示意

2. 三种融合效率概念界定

网络型创新团队的三类融合效率强调在某种发展周期、信任状态与融合基础类型的基础上，所形成的面向未来组织内外环境变化趋势的多团队主体合作效率变化预期，以及在该判定假设下由三类融合维度交互作用关系与融合效应共同产生的反映合作关系持续深化属性的单位团队资源投入的可能产出水平。三类效率的具体内涵如下。

（1）放大型融合效率。网络型创新团队的放大型融合效率强调在资源融合、团队发展与信任演变三维度交互影响情境下的多资源要素融合效应的未来放大态势，是指通过组织内或跨组织间的成员知识结构的搭配和专业技能的传递和模仿，达到团队成员知识互补，使其研究潜能得到最大限度的发挥，以符合远期投入产出需求的乐观配比为资源配置导向，多方主体间通过系统内部各资源要素及子系统间的相互协调配合，所涌现的满足团队未来资源融合增长趋势需求的合作效率关系。以"最优"投入产出比为资源配置导向，具有放大型融合效率特征的团队，常常包括反映政策导向与市场利好的"新兴"领域研究机构。它们将在投入导向的驱动下，通过融合、激活、积极质变团队所需融合效率要素的投入，将价值增值环节上具有不同优势的潜在要素融合起来，使投入资源得到充分利用，在调动自身当期效率水平的前提下，努力提升团队未来效率的放大趋势。

（2）稳定型融合效率。网络型创新团队的稳定型融合效率强调在资源融合、团队发展与信任演变三维度交互影响情境下的多资源要素融合效应的未来稳定态势，是指通过组织内或跨组织间的团队成员间稳定合作关系的有效维持，在组织内或更广阔的范围内开展分工协作，将零散的资源要素进行有机不断整合，以符合远期投入产出需求的均衡配比为资源配置导向，多方合作主体通过协调、平衡、改善团队所需融合效率要素的投入，所涌现的满足团队未来资源融合平稳趋势需求的合作效率关系。该情境下，由于外部环境的不确定性特质突出或经营的周期属性显著，因此往往具有较高效率基础的团队将面临融合效率的"调控"需求。特别是那些具有投入过剩或产出增长缓慢特点的组织，团队需减少资源投入来保持原有产出的稳定，在确保自身当期效率水平的前提下，增加团队未来效率的可控性。

（3）消减型融合效率。网络型创新团队的消减型融合效率强调在资源融合、团队发展与信任演变三维度交互影响情境下的多资源要素融合效应的未来消减态势，是指通过组织内或跨组织间的团队成员间不确定合作关系的剥离与转换，面对研究任务的多变和合作对象分割所存在的协作困难，以符合远期投入产出需求的压缩配比为资源配置导向，在将非战略取向资源进行有机整合过程中，通过多元效率要素投入的控制与规划，涌现满足团队未来资源融合下降趋势需求的合作效率关系。该情境下，由于未来合作效率的下降预期，可能产生来自于内部信任瓶颈的不利影响，也有可能产生于由技术替代引发的外部"夕阳"化影响，因此合作内容本身所具有的"经营"属性对远期效率的可能状态将产生影响深远，导致创新团队的管理策略选择高度不确定性。

四 融合效率评价方法构建

由三类融合效率的概念、特征可知，三种预期效率变化态势反映了建立于某种效率形成演化基础之上、体现内外部合作环境调整特征的期望效率水平。据此，这种期望效率，不仅体现为决策单元的当期效率水平，也取决于其可能的"增长率"（或升、或降、或恒定），三类效率之间并无绝对的数值高低之分。基于这种思考，在资源融合过程、信任、团队生命周期三维度的交互影响下，网络型创新团队的资源融合具有动态不确定性，其融合效率具有时点性，因此本书所研究的三种融合效率是基于当期数据信息对未来效率做出的趋势（放大、稳定、消减）的估计与判定。鉴于此，本书引入能够整合多元决策偏好的多属性群决策方法（Multi‑attribute Group Decision Making，MAGDM），通过判定并调整决策者对不同当期效率评价指标的远期估计信息及其一致度，来实现对决策单元三种未来融合效率趋势的偏好融合，在此基础上将达成群体意见一致的专家判定信息的属性进行集结作为 DEA 输入输出指标的赋值，构建包含未来指标信息面向动态评价的 MAGDM‑DEA 方法。该方法既能克服传统 DEA 模型没有考虑决策者偏好的缺陷，提供更有效的决策信息，又实现了网络型创新团队面向远期的融合效率动态评价。基于以上思考，为实现基于当期数据对远期融合效率实现整合评价，在此给出如下方法步骤：

设群体决策中的专家集为 $A = \{a_1, a_2, \cdots, a_m\}$，备选方案集为 $E = \{e_1, e_2, \cdots, e_s\}$，备选方案的属性集为 $C = \{c_1, c_2, \cdots, c_n\}$。专家 a_k 给出的评价矩阵 $U^k = (u_{ij}^k)_{m \times n}$ 表示专家 a_k 对方案 e_i 中指标 c_j 相应状态的判定情况。本书评价网络型创新团队的融合效率所针对的评价信息是精确实数型。

1. 计算任意一对专家 a_k, a_s 在全部属性上的差异度 $d(a_k, a_s)$

$$d_j(a_k, a_s) = \sum_{i=1}^{s} \frac{d(u_{ij}^k, u_{ij}^s)}{sL_j}$$

其中 $i = 1, 2, \cdots, s, j = 1, 2, \cdots, n$，$d_j(a_k, a_s)$ 表示专家 a_k, a_s 在方案 e_i 的 c_j 属性上的判断值差异，s 为方案的个数，L_j 为属性 c_j 上最大值与最小值之差。$d(u_{ij}^k, u_{ij}^s) = |u_{ij}^k - u_{ij}^s|$，$L_j = \max(v_{ij}^t) - \min(v_{ij}^t)$，$i = 1, 2, \cdots, s$，$j = 1, 2, \cdots, n, t = 1, 2, \cdots, m$，显然 $d_j(a_k, a_s)$ 小值之具有以下特征：① $0 \leq d_j(a_k, a_s) \leq 1$；② $d_j(a_k, a_s) = d_j(a_d, a_s)$；③ $d_j(a_k, a_k) = 0$。

$$d(a_k, a_s) = \sum_{j=1}^{n} \omega_j d_j(a_k, a_s)$$

其中，ω_j 是属性 c_j 的权重，n 为属性的个数。显然 $d(a_k, a_s)$ 具有类似于 $d_j(a_k, a_s)$ 的特征：

① $0 \leq d(a_k, a_s) \leq s$，$s$ 为方案个数；② $d(a_k, a_s) = d(a_s, a_k)$；

③ $d(a_k, a_k) = 0$。

2. 计算群体意见的一致度 δ

群体意见的一致度被定义为（R. O. Parreiras 等）[1]：

$$\delta = 1 - \max\{d(a_k, a_s) \mid a_k, a_s \in A\}$$

考虑到决策过程中决策时间和决策成本等因素的控制，需要限定上述一致性检验和调整次数。设定一致性阀值 $\lambda(0 \leqslant \lambda \leqslant 1)$，最大修改次数 g_0。若 $\delta \geqslant \lambda$，表明该群决策通过一致性检验，具有显著一致性水平，可以进行属性信息融合；若 $\delta < \lambda$ 且当 $g < g_0$，则依据相应的专家修改其评价信息，开始下一轮一致度的计算；若 $\delta < \lambda$ 且 $g \geqslant g_0$，则该群决策未达成统一的决策导向，专家意见分歧大需依据决策的需要重新组织专家进行评价。

3. 评价信息的修改和集结

依据前面的计算结果，修改目标界定为具有最大差异度数值的两位专家及其属性差异度数值位于前四位的属性，将反馈信息传达给待修改专家完成相应属性的修改，如果同一专家对同一属性有过修改，则下次可不做修改；如果待修改专家调整其属性值后达到一致度阀值，则一致化过程结束，否则继续修改。基于上述修改方案，能够尽可能尊重专家的初始决策，高效有针对性地完成调整通过一致性检验。本书考虑专家权重 a_k 和属性权重 ω_j 将通过一致性检验的最终专家判定信息加权求和，得到各属性的综合评价判定得分（许成磊、段万春）[2]，并得出不同团队的效率类型。

4. 基于多属性群决策的 DEA 的构建

基于多属性群决策得出不同团队效率类型后，因不同类型的效率团队不具有可比性，对不同类型效率的团队分别进行预期评价。设有 s 个 $DMU_j(j = 1, 2, \cdots, s)$，有 p 个输入指标，指标向量为 $X_j = (x_{1j}, x_{2j}, \cdots, x_{pj})^T$，有 $q(q = n - p)$ 个输出指标，指标向量为 $Y_j = (y_{1j}, y_{2j}, \cdots, y_{qj})^T$。

① R. O. Parreiras et al., "A flexible Consensus Scheme for Multicriteria Group Decision Making under Linguistic Assessments," *Information Sciences* 7（2010）：1075 – 1089.

② 许成磊、段万春：《混合非结构 MAGDM 的决策导向一致性检验方法》，《计算机工程与应用》2015 年第 23 期，第 17 ~ 22 页。

输入、输出指标的权向量分别为 $v = (v_1, v_2, \cdots, v_p)^T$，$u = (u_1, u_2, \cdots, u_q)^T$，输入输出指标的赋值即基于多属性群决策达到群体意见一致度的专家判定信息的集结。则对第 j_0 个决策单元 DMU_{j0} 进行相对效率评价的基于多属性群决策的 CCR-O 模型为：

$$(P)\begin{cases} \min \sum_{k=1}^{p} v_k x_{kj0} \Big/ \sum_{r=1}^{q} u_r y_{rj0} \\ s.t. \ \sum_{k=1}^{p} v_k x_{kj} \Big/ \sum_{r=1}^{q} u_r y_{rj} \leqslant 1, \ j = 1,2,\cdots,s \\ u_r \geqslant 0, v_k \geqslant 0, r = 1,\cdots,q; k = 1,\cdots,p \end{cases}$$

由于（P）是一个分式规划问题，利用 Charnes-Cooper 变换 $t = 1/(\sum_{r=1}^{q} u_r y_{rj})$，$\omega_k = tv_k$，$\varphi_r = tu_r$。得到（P）式对应的线性规划模型（$\tilde{P}$）：

$$(\tilde{P})\begin{cases} \min \sum_{k=1}^{p} \omega_k x_{kj0} \\ s.t. \ \sum_{k=1}^{p} \omega_k x_{kj} - \sum_{r=1}^{q} \varphi_r y_{rj} \geqslant 0, \ j = 1,2,\cdots,s \\ \omega_k \geqslant 0, \varphi_r \geqslant 0, k = 1,\cdots,p; r = 1,\cdots,q \end{cases}$$

其对应的对偶规划模型（$\hat{P}$）为：

$$(\hat{P})\begin{cases} \max \varphi_0 \\ s.t. \ \sum_{j}^{s} \lambda_j x_{kj} = x_{kj0}, k = 1,2,\cdots,p \\ \sum_{j}^{s} \lambda_j y_{rj} \geqslant \varphi y_{rj0}, r = 1,2,\cdots,q \\ \lambda_j \geqslant 0, j = 1,2,\cdots,s \end{cases}$$

若规划问题（$\hat{P}$）存在最优解为 λ^*、s^{*-}、s^{*+}、φ^*，则可以对其进行 DEA 的有效性判断。若 $\varphi^* = 1$、$s^{*-} = 0$、$s^{*+} = 0$ 则 DMU_j 为 DEA 有效；若 $\theta^* = 1$、$s^{*-} \neq 0$、$s^{*+} \neq 0$ 则 DMU_j 为 DEA 弱有效；若 $\varphi^* < 1$ 则 DMU_j 为 DEA 非有效，由此实现对不同团队的效率预期评价。

五　实例验证

本书选取了以承担国家 973 重大科技攻关项目的 18 个不同网络型创新团队（$U_1 \sim U_{18}$）为例，邀请 5 位团队管理领域的专家（$a_1 \sim a_5$）权重 $a_k = (0.35, 0.2, 0.2, 0.15, 0.1)$ 对网络型创新团队的资源融合效率进行评价。

考虑到团队融合效率的三个影响维度即资源融合过程、团队生命周期、信任演变过程，基于网络型创新团队的组织边界模糊、专业技能互补、学科间的协作特性，专家组在前期团队决策中基于团队当期状况已筛选出对未来效率有重要影响的团队评估指标包括：信任程度（c_1）、团队互动（c_2）、目标达成度（c_3）、融合效率类型（c_4）。其中 c_1、c_2 为输入指标，c_1 是团队在信任演变方面的投入：由于合作过程中存在信息不对称、地位不平等、摩擦冲突等现象，团队成员间的信任程度随之改变，信任程度是信任演变的直观轨迹；c_2 为团队生命周期方面的投入：网络型创新团队是组织内或跨组织间多人互动系统，随着不同生命周期团队内部特征显现与调整，这些团队互动的深度和广度也各具特点。根据 Marks/Mathieu 等（2001）对团队互动的定义可知，团队互动是团队存在的根本前提，它涉及团队成员为完成共同的目标，在共同承担责任和风险的过程中所发生的所有认知和行为的投入，具体包括知识共享、团队凝聚、风险承担的投入。c_3 为输出指标，是团队在资源融合方面的产出：根据 Sirmon/David（2007）对资源融合的概念，本书认为资源融合是创新团队获取不同层次、不同来源、不同内容和不同结构资源后协同创新、整合形成动态能力、获得持久竞争优势，从而实现共同目标的过程，目标达成度体现的协同创新、动态能力、竞争优势三方面的产出。

设定三种类型效率的设定值分别为：消减（C）= 1，稳定（S）= 3，放大（E）= 5。依据整体判断策略专家 $a_1 \sim a_5$ 给出的各团队、各指标的初始评价信息如表 5 – 1 所示（属性权重 $\omega_j = 0.3, 0.2, 0.4, 0.1$）。

表 5 - 1　专家群给出的初始判断信息

	c_1	c_2	c_3	c_4
U1	6, 2, 6, 1, 7	7, 3, 6, 3, 4	6, 4, 5, 3, 3	E, E, S, E, S
U2	1, 1, 3, 1, 4	1, 2, 3, 2, 3	9, 7, 9, 8, 9	E, E, E, S, E
U3	8, 3, 7, 2, 7	7, 3, 8, 4, 9	7, 1, 6, 2, 1	S, E, C, S, S
U4	7, 4, 8, 2, 1	8, 1, 8, 3, 6	7, 1, 9, 2, 3	C, C, C, C, C
U5	1, 1, 3, 1, 1, 75	2, 1, 3, 1, 1	9, 6, 8, 6, 3	E, E, E, E, S
U6	9, 7, 8, 7, 8	8, 6, 8, 6, 7	5, 3, 5, 2, 2	C, C, S, C, C
U7	2, 1, 1, 2, 1	2, 2, 1, 2, 1	8, 3, 9, 9, 8	E, S, E, S, E
U8	3, 1, 2, 1, 2	1, 2, 2, 3, 1	8, 9, 9, 8, 4	C, C, C, C, C
U9	2, 2, 1, 3, 1	2, 1, 1, 2, 3	8, 8, 9, 7, 9	S, S, S, C, S
U10	9, 6, 9, 7, 8	8, 6, 8, 6, 9	4, 1, 3, 1, 3	S, C, S, S, S
U11	2, 1, 3, 2, 4	1, 3, 1, 2, 1	7, 9, 9, 8, 8	S, S, S, S, S
U12	7, 1, 8, 2, 3	7, 2, 7, 2, 4	8, 1, 7, 2, 1	S, S, S, S, S
U13	8, 2, 7, 1, 4	7, 2, 6, 1, 1	6, 4, 8, 3, 9	E, E, E, E, E
U14	2, 1, 3, 2, 1	2, 2, 1, 1, 2	9, 6, 8, 8, 9	C, S, S, S, S
U15	9, 1, 8, 2, 4	9, 8, 7, 9, 9	3, 2, 4, 1, 1	C, C, C, S, C
U16	7, 3, 8, 1, 4	8, 6, 9, 6, 7	5, 2, 5, 1, 3	E, S, E, E, E
U17	1, 1, 3, 1, 1	1, 2, 4, 2, 2	8, 6, 8, 7, 7	C, C, C, C, C
U18	1, 2, 3, 1, 2	1, 1, 3, 2, 2	7, 9, 9, 6, 8	C, C, S, C, C

　　专家间的决策信息一致性计算步骤如下：设定一致度阈值为 $\lambda =$ 0.70，当前修改次数为 $g = 0$，最大修改次数 $g_0 = 3$；利用步骤 5.4.1 计算每个属性 c_j 上任意一对决策者 a_k, a_s 之间的差异度 $d_j(a_k, a_s)$ 和全部属性上的差异度 $d(a_k, a_s)$，如表 5 - 2 所示。

表 5 - 2　不同专家给定判定序列间的差异度

	c_1	c_2	c_3	c_4	$d(a_k, a_s)$
$d_j(a_1, a_2)$	0.326	0.271	0.361	0.139	0.310
$d_j(a_1, a_3)$	0.139	0.125	0.125	0.167	0.133
$d_j(a_1, a_4)$	0.333	0.257	0.306	0.167	0.290
$d_j(a_1, a_5)$	0.250	0.181	0.313	0.111	0.247
$d_j(a_2, a_3)$	0.368	0.299	0.333	0.250	0.328

续表

	c_1	c_2	c_3	c_4	$d(a_k, a_s)$
$d_j(a_2, a_4)$	0.104	0.069	0.167	0.194	0.131
$d_j(a_2, a_5)$	0.215	0.201	0.243	0.194	0.246
$d_j(a_3, a_4)$	0.403	0.285	0.319	0.278	0.333
$d_j(a_3, a_5)$	0.236	0.194	0.299	0.167	0.246
$d_j(a_4, a_5)$	0.236	0.160	0.188	0.167	0.194

其中最大的是 $d(a_3, a_4) = 0.333$，用公式（3）计算群体意见的一致度 $\delta = 0.667$。

因为 $\delta < \lambda$，且 $g < g_0$，则该决策未通过一致性检验，根据上文 5.4.3 节给出的专家判定信息多轮调整策略，上述专家对初始评价信息做出 3 次调整的相关检验指标如表 5 - 3 所示。

表 5 - 3　不同专家给定判定序列间的差异度

修改次数	一致度	最大偏差组	待修改属性	修改后内容
0	0.667	a_3, a_4	c_1	6，3，7，6，2，8，4，4，1，9，3，6，6，4，7，7，4，4；4，2，3，3，2，7，2，3，3，7，2，2，4，2，2，3，2，3
			c_3	5，9，6，7，8，5，4，9，9，3，9，5，8，8，4，5，8，7；3，8，2，2，4，2，4，5，7，1，6，2，3，7，1，1，7，4
1	0.690	a_1, a_2	c_3	6，9，4，4，9，5，7，8，8，4，7，5，6，4，3，5，8，7；4，9，1，3，6，3，3，5，8，3，6，1，4，6，2，2，6，3
			c_1	6，2，8，7，5，9，6，1，3，9，4，7，8，6，9，7，2，4；2，1，5，4，1，7，4，1，2，6，1，3，4，6，7，3，1，4
2	0.706	—	—	—

经过两次判断信息调整后，群体一致度达到指定阀值，说明专家在对方案的评价上已经取得共识，这时根据上文 5.4.3 节给出的方法对专家调整后的属性评价信息进行集结，得到 DEA 的输入输出指标的赋值，

其中 $c_1 \sim c_3$ 指标权重分别为 （0.3，0.3，0.4），具体结构如表 5-4 所示。

表 5-4 DEA 输入输出指标数据

	c_1	c_2	c_3	效率类型
U1	1.500	1.530	1.860	放大型
U2	0.660	0.960	3.540	放大型
U3	1.905	1.845	1.280	稳定型
U4	1.500	1.695	1.720	消减型
U5	0.825	0.900	2.860	放大型
U6	2.400	2.160	1.540	消减型
U7	1.230	1.350	2.100	放大型
U8	0.600	1.005	2.700	消减型
U9	0.660	0.615	3.260	稳定型
U10	2.400	2.220	1.220	稳定型
U11	0.870	1.020	2.860	稳定型
U12	1.455	1.485	1.340	稳定型
U13	1.740	1.290	2.340	放大型
U14	1.350	0.495	2.460	稳定型
U15	1.995	2.520	1.000	消减型
U16	1.590	2.220	1.440	放大型
U17	0.630	0.435	2.940	消减型
U18	1.095	1.020	2.340	消减型

因三种类型的融合效率不具有可比性，利用以上专家调整评价信息后的指标数据，选择基于产出方向的可变成本模式，分别对放大型的 6 个团队、稳定型的 6 个团队、消减型的 6 个团队进行融合效率分析。若沿用常规管理效率评价思路，即直接使用专家群给出的初始判断信息执行相同的效率评价方案，可得到与本书评价方法差异显著的效率评价结果。本书评价方案及常规方案得到的效率评价结果如表 5-5 所示。

分析表 5-5 可知，本书方案首先应用多属性群决策方法得到 18 个创新团队的效率类型，在此基础上分别对三种类型的融合效率进行相对效率分析，分别辨识出的相对效率团队为 U2，U9，U17；常规方案不仅不能区分创新团队的效率类型，且识别到的相对具有效率团队为 U2，U5，U9，

表5-5　本书方法与常规方法的决策单元评价结果

效率类型		本书评价方法					常规评价方法			
	DMU	综合效率	纯技术效率	规模效率		DMU	综合效率	纯技术效率	规模效率	
放大型融合效率	U1	0.330	0.525	0.627	递减	U1	0.208	0.550	0.378	递减
	U2	1.000	1.000	1.000	不变	U2	1.000	1.000	1.000	不变
	U5	0.862	1.000	0.862	递增	U3	0.154	0.503	0.306	递减
	U7	0.422	0.593	0.711	递减	U4	0.200	0.598	0.335	递减
	U13	0.492	0.661	0.744	递减	U5	1.000	1.000	1.000	不变
	U16	0.176	0.407	0.432	递减	U6	0.111	0.456	0.243	递减
稳定型融合效率	U3	0.136	0.393	0.346	递减	U7	0.992	1.000	0.992	递增
	U9	1.000	1.000	1.000	不变	U8	0.959	0.976	0.982	递减
	U10	0.104	0.374	0.277	递减	U9	1.000	1.000	1.000	不变
	U11	0.666	0.877	0.759	递减	U10	0.075	0.314	0.239	递减
	U12	0.186	0.411	0.454	递减	U11	1.000	1.000	1.000	不变
	U14	0.938	1.000	0.938	递增	U12	0.212	0.568	0.373	递减
消减型融合效率	U4	0.246	0.585	0.420	递减	U13	0.276	0.692	0.398	递减
	U6	0.138	0.524	0.263	递减	U14	1.000	1.000	1.000	不变
	U8	0.964	1.000	0.964	递增	U15	0.084	0.296	0.285	递减
	U15	0.107	0.340	0.316	递减	U16	0.133	0.426	0.311	递减
	U17	1.000	1.000	1.000	不变	U17	1.000	1.000	1.000	不变
	U18	0.458	0.796	0.575	递减	U18	1.000	1.000	1.000	不变

U11，U14，U17，U18。由计算结果可知，分别应用两种效率评价方案得到的测度结果差异显著，本书所构建的评价方法可提高对方案优劣的识别度，决策效果明显，面向综合效率、纯技术效率、规模效率和效率类型得到的具体测度信息更具解读优势。例如：虽然团队U14在两种评价方案中都具有效率，但新方案有效甄别出了该团队在规模效率层面的不足，可以进一步结合规模效率递减的情况，考虑针对信任程度（在投入要素中权重最大）改善投入质量，借助信息共享、增加交流平台等方法减少信任对相关投入的不利影响。

以放大型团队为例进行针对性分析，18个创新团队中U1，U2，U5，U7，U13，U16共6个创新团队的融合效率为放大型，其中U2的运行效率属于 DEA 有效，该团队的融合效率达到放大预期水平，U5 属于弱 DEA 有效，具有投入过剩或产出不足的特点，对团队的投入可以减少从而保持原来产出不变，U1，U7，U13，U16 的运作效率属于非 DEA 有效，融合效率未达到放大预期。

以上分析结果说明，应用本书所构建的效率评价方案可以有效结合专家决策的偏好信息实现对未来效率的预期评价，不仅提高了对方案优劣的识别度，而且得出面向三种融合效率内涵的针对性评价结果，即本书所提出的融合效率分析理论及评价方案有效、可行，具有重要的现实意义。

六　小结

面向创新团队管理效率评价在评价理念、评价理论与评价方法方面存在的创新需求，本书针对网络型创新团队这一重要融合组织形式的效率评价问题，选择资源观为切入点提出了评价其融合效率的一套基础理论和方法。首先，结合团队绩效评价、资源观理论的相关进展，将团队信任、资源融合和团队生命周期纳入同一框架作为融合效率的三个解析维度，并以组建期创新团队的融合效率为例阐述不同时期融合效率的动态可能性，充分辨析三维度之间的复杂作用关联；其次，依据可能的效率变化预期状态，注重融合过程中各要素的耦合互动与融合效应，将融合效率划分为放大型融合效率、稳定型融合效率和消减型融合效率三种类型；再次，引入能够基于当期数据对未来融合效率做出预期判定的多属性群决策方法，构建包含未来指标信息的 MAGDM - DEA 结合的方法实现对创新团队的预期效率评价；最后，以承担重大科技攻关项目的 18 个不同网络型创新团队为例，评价分析这些团队微观管理过程中涌现的融合效率，验证了该评价方法的有效性及应用可行性。

本章采用多属性群决策与 DEA 组合的方法对动态效率做出了创新性评价。下一章中，本书将基于第三章到第五章所用方法的部分性组合实践应用到所选案例中，用以检验本书所提出的团队效率评价方法对解决一般问题的有效性，并且为提升团队管理效率提供一些对策措施。

第六章

面向某烟草企业团队的多维不确定
效率关系整合评价

　　为了实现一般管理情景中的团队效率横向比较与应用，在此选取同时具备多种类型创新团队的某烟草企业团队开展案例应用研究。需要指出的是，本章应用研究中，并非仅针对前文第三、四、五章分别构建的指标体系和评价方法展开应用研究，而是面向多类型团队并存的一般情况给出一套综合效率的评价方法，不仅用于检验前文分类评价思路的可行性，而且体现研究的一般适用性。

一 效率评价背景

1. 云南某烟草公司概况

　　首先需要说明的是本书研究具有普适性，既适用于高校，也适用于企业或科研院所，原因在于创新团队由不同背景、不同基础和不同经验的成员组合在一起，因价值观、意识和行为规范的不同团队内部及团队间存在跨文化的交流与管理，但是文化是无法复制、独一无二的，其有适用性之分，可比性很差。诚然，高校和企业的创新团队在管理风格和人员配备方面存在明显的文化差异，但不能说因有文化差异就不具有某个层面比较的可能性，比如：同一高校内的不同学科，不能说工科、理科和文科因有文化差异而不具备效率可比性，而本书研究的出发点是效率，是在更高层面发现其相似之处找到合理视角实现效率的横向可比性，是在相对范围内的公平合理性评价。本章是在结合笔者实践经验和前文研究基础上选择的云南某烟草企业创新团队案例应用。为搜集用于多维探讨、案例深度的充分分析材料，笔者对该公司进行了 4 次、9.36 小时的交互式访谈，得到了 2 万余字的相关资料，由于篇幅限制，在此仅将整理得到的该公司概况、取得成就和存在问题进行归纳列述。

该公司属于云南中烟工业有限责任公司的全资子公司。截至 2015 年底，该公司资产总额 23.05 亿元，净资产 19.78 亿元；固定资产（净值）0.89 亿元，流动资产 21.57 亿元；共有职工 322 人，其中在岗职工 125 人。

该公司现设有办公室、党委工作部、纪检监察室、人力资源部、烟用材料部、产品开发部、市场营销部等 15 个部室。

该公司主要对云南中烟卷烟生产所需新材料、新技术、新产品进行研发，并通过科技转化，持续提升云烟品牌的美誉度和内在品质，以适应卷烟市场的需求变化。在云南中烟的领导下，公司始终坚持"面向烟草、服务两红"的战略方针，秉承"严格规范、勤奋务实、团结协作"的工作作风，通过大力推进内部改革，认真实施管理创新，稳步拓展经营领域，努力提升服务质量，不断加强文化建设，保持了良好的发展态势。

2015 年，公司全面落实行业谋划"三大课题"、提升"五个形象"的工作要求，积极顺应云南中烟"两统一、两整合"改革形势，紧紧围绕"狠抓严格规范、深化精益管理"的工作重点，进一步巩固烟用新型滤嘴棒经营业务，持续强化生态本香的研究和应用，全面推动新式卷烟的市场化转型，不断改进完善内部管理机制，较好地完成了年度工作任务和"十二五"规划目标，并在新型嘴棒研发、本香提取、卷烟新品研发、降焦保润、协调发展等方面都取得了新的成效。

"十三五"期间，面对新形势、新任务、新挑战，该公司将继续以精益管理为着力点，推动精益管理向科研、经营等全方位全过程拓展，加速构建精益管理的长效机制，全面提升研发水平和发展能力，为云南中烟持续健康发展做出新的更大贡献。

2. 团队建设方面取得的成效和存在问题

该公司坚持"面向烟草、服务两红"的战略方针，通过内部改革、管理创新、绩效管理实现了企业的稳步健康发展，经过磨炼和成长，公司已经发展为一个高度集约化、团队管理专业化、服务理念化的创新型烟用材料研发龙头企业。通过团队建设，公司凝聚并稳定了一批高层次优秀的创新性群体，该批优秀人才成为团队研发的中坚力量。公司在团队建设方面取得的成果主要体现在团队文化构建、团队创新能力提升、杰出人才培养这三个方面。

（1）打造独具特色的文化管理模式

由于该公司成立时间不长，文化的引领作用更显重要。对于文化的构建，该公司依据自身的需求和特点逐步推进开展文化建设、文化落地、文化实践三个阶段的工作，文化建设阶段通过博采众长、整体协同、全员参与的建设路径使得企业的文化内涵得以有效提炼、文化体系框架得以确立、文化收益逐步凸显；文化落地阶段通过文化认同、绩效管理、行为规范使得企业文化落到成员思想深处、激励实处、行为细处；文化实践阶段完善、提升和优化前期工作。

（2）显著提升了企业的创新能力及科技竞争力

该公司大力支持科研投入，不仅为企业带来效益，同时也为行业和社会做出了巨大贡献。具体成果有该公司承担的两项科研成果荣获 2014 年度云南中烟科技进步二等奖，公司的"新型滤嘴棒"达到了国内先进水平，"生态本香提取及应用"极大地提升了云南卷烟的内在品质，"烟用薄片"技术在行业内得到广泛应用，另外，该公司在"细支卷烟研发、添加剂"方面的研究成果，已得到推广与应用。该公司获得专利授权 19 项，研发新产品 17 个，建成新装置 11 套，发明新工艺 9 项。

（3）稳定培养了一批杰出人才

企业是人的聚合体，人才是企业重要的战略资源，企业只有不断地积聚和可持续地造就人才，才能不断为企业输入新鲜血液，保持企业快速发展。该公司团队成员的年龄结构、技能结构和学历趋于合理，具有一支富有创新精神、结构合理和充满活力的人才梯队，团队内部拥有云南省有突出贡献的专业技术人才，拥有正高级职称 3 人、副高级职称 5 人、中级职称 11 人，研究团队力量雄厚。此外，团队通过产学研合作，用协同创新统领研发团队，为团队的人才培养提供沃土。

以上所述是公司创新团队取得的部分研究成果，通过作者多次走访调研，在认真整理、分析、总结搜集的数据和资料的基础上，发现该公司创新团队建设存在着以下三方面的微观管理问题。

（1）创新团队在建设中缺乏顶层设计，存在临时拼凑问题

创新团队在组建阶段，对于团队间的协同关系和战略布局往往是无意识的，同时对于有持续竞争力和有潜力的创新团队也未能充分挖掘。有些团队是采用"拉郎配"的方法随意拼凑或者包装在一起临时搭建的合作平台，在此种情形下创新团队的信任基础薄弱，各自致力于自己的研究领域方向，相互间真正合作和交流很少，团队间的合作很多时候只是为了获取资源，而不是以团队的目标为最终目标，团队的融合度低且组织结构松散，缺乏合作互动的团队精神，团队内的知识共享和技能互补不能深度融合，团队承担和抵御风险的能力较低；项目带头人把更多的时间和精力投入项目的申请和验收上，却很少投入团队的科研和管理中；团队成员责任意识薄弱，缺乏共同的价值取向和目标追求，团队的正常运行主要依靠少数骨干挑大梁，多数成员则是人浮于事、消极应付。这种随意搭建的创新团队并非是系统的有机的组合，不但团队集群效应难以形成，团队目标难以实现，团队技术创新难以突破，人才基地难以建成，而且也造成了极大的资源浪费。

（2）团队缺乏有效管理

团队缺乏有效管理主要体现在文化培育、成员分工、资源调配、绩效评价、权利分配和管理方法方面。文化培育方面，由于公司属于重组改制而成，在团队正常运行的过程中，因文化差异会产生不可避免的摩擦和碰撞，公司开展的阶段性文化建设在取得成效的同时一些弊端也逐渐显现，比如：由于成员的觉悟和素质参差不齐，对于企业的价值理念具有不同的接纳态度，造成了团队间文化落实和执行的差距甚大，这些在团队管理过程中容易忽视；成员分工方面，团队在组建前缺少合理的规划，对于团队成员的组成、职能分配、角色定位和任务分工方面缺乏系统合理的设计；资源调配方面，团队对于如何根据成员特点、项目进度和团队需求，合理分配团队资源缺乏科学合理的动态机制，特别是对于二次资源的处理往往是团队负责人独自决断，同时对资源使用的监督力度不足，容易造成资源浪费；绩效评价方面，团队一般采取量化指标对成员绩效进行分配，这样就忽视了团队成员在研发过程中分过程贡献、时间累积和任务分解的隐形

付出，降低了团队成员工作的积极性；权利分配方面，在团队管理中学术研发权力弱于行政权力，导致很多工作被搁置、包办等情况时有发生，使得学术研发团队的科研作用得不到充分发挥，生存空间狭窄，在参与决策和管理的过程中，研发团队的发言权过于薄弱，决定权往往被少数具有核心地位的团队领导者占据，团队其他成员缺少可以施展才华的平台；管理方法方面，对于团队内部成员的管理上有较为完善和严格的管理办法，但是在操作层面上团队管理尚未制度化和系统化，团队内部分工不合理、赏罚不公平，加剧了团队成员间的不和谐和不信任，团队凝聚力差、竞争力弱，"面和心不合"的问题突出。

（3）团队缺少持续发展的动力

团队持续发展动力的缺乏主要体现在人才结构、运行环境和创新能力方面。人才结构方面，高素质人才的匮乏直接影响了团队运行效率，团队带头人一般技能知识丰富，但缺少团队管理和协调的能力，缺乏在团队成员的选拔、任用和管理方面的经验，同时团队内部拉帮结派、近亲繁殖的现象屡见不鲜，造成团队内部学科结构单一，论资排辈，团队氛围沉闷、缺乏生机和活力，优秀人才流失得不到及时补充，严重削弱了团队的整体实力，不利于团队长久高效发展；运行环境方面，创新团队外部资源的获取一般依靠公司和政府的扶持，一个过分依赖外部支持的团队是难以持久运行的，同时团队内部集体利益和个体利益、长期利益和短期利益的协调机制尚未建立，团队内部利益的冲突不利于团队的稳定和发展；创新能力方面，创新是团队持久发展的根本动力，目前创新团队普遍缺失对资源的创新性配置和利用，从而难以形成一种独一无二、不可被模仿的竞争能力，加之生存条件和运行环境日益严峻，实现创新团队的持续发展，困难重重。

3. 团队效率评价问题引出

基于前期调研和分析，作者发现该公司内部同时并存三种类型的创新团队即层式型创新团队、工作组型创新团队和网络型创新团队，创新团队的管理效率呈现复杂不确定的多维关系，因此对于案例创新团队管理效率的评价可以选用本书第三章、第四章和第五章分别提出的 DEMATEL 方法、ANP 方法和多属性群决策方法，因篇幅所限本章采用 ANP 方法和 DEA 方法的结合对案例团队进行效率评价。

　　作为一种用于评价具有多输入、多输出指标的决策单元（Decision Making Unit，DMU）相对有效性分析方法，数据包络分析（Data Envelopment Analysis，DEA）自提出以来即得到广泛应用和持续改进。遵循"相对有效性"原则，DEA 基于决策单元个体优势立场开展的变化权相对效率评价方法，已经从考虑偏好、非精确数、确定性差异和解析黑箱效应等方面得到不断完善（O. B. Olesen 和 N. C. Petersen）[1]。然而，从层次 DEA、网络 DEA 和不确定数据 DEA 等方面的进展来看，虽然迄今国内外众多学者对复杂情景下的投入产出效率评价相关问题开展了大量有益的探索，但仍未能有效刻画和应对不确定情景具有的多样化评价目标、评价要素及要素关联属性，特别是对微观管理效率评价中投入产出参数的多性状属性（某些要素互为投入产出）关注不足。考虑到 DEA 方法仅依赖原始数据进行客观分析，容易忽略差异化决策情景下不同指标的主观偏好影响，因此目前已有部分学者引入网络层次分析法（Analytic Network Process，ANP）试图解决上述不足中的效率要素作用关联耦合问题，但现有 ANP－DEA 评价策略尚未响应复杂决策情景形成系统化、结构化和包容性的分析方法。

　　在广义层面的微观管理效率评价中，效率评价是指产品、服务或管理效果的量与质的变化（产出）与实施项目所投入的资源之间的比较评价，即每提供单位资源所产生的符合质量要求的服务量。考虑到效率评价的导向、目标、因素与效率涌现方式差异将对多类型待评价对象间的横向效率比较造成不确定影响，因此如何从评价的系统性、结构性和包容性三个层面有效地挖掘团队管理效率的评价内涵，已得到部分学者的关注。例如：W. W. Cooper 等[2]学者发现即使在相对确定型的合作情景下，由于任务属性、合作周期与创新不确定性的交互影响，能否系统评价这种协作效率并

---

①　O. B. Olesen and N. C. Petersen，"Chance Constrained Efficiency Evaluation," *Management Science* 3（1995）：442－457.

②　W. W. Cooper et al.，"Data envelopment analysis：A Comprehensive Text with Models，Applications，References and DEA－solver Software," *Journal of the Operational Research Society* 14（2007）：145－156.

提取关键效率要素，将依赖于待评价对象本身的效率涌现路径；针对该效率呈现形式与方式问题，L. Liang 等[①]学者着重从组织内横向协调以及与不同组织间的竞争合作着手，探讨了研究方向明确、技术理论与研究范式成熟、团队合作经验丰富这一确定型情景的效率内涵，但尚未形成结构化、可拓展的分析策略；张子源等[②]学者虽然进一步针对近似理性合作情景，提出了考虑决策灵活性、组织机动性与意识整体性的效率评析框架，但缺少复杂情景下应对多种决策单元、多维不确定关联的包容性效率协整与转换方法。

思考上述 DEA 方法在甄别投入产出要素多性状属性、面向多类 DMU 实现系统/结构/包容评价方面的不足，可以发现围绕要素构成内涵范畴的不确定性、要素投入产出属性归属的不确定性、要素间关联的不确定性，形成整合效率要素间复杂关联的效率形成、提取与测度框架，是目前整合多维不确定投入产出关系实现 DEA 方法创新、提升微观管理效率评价有效性的关键所在，具有重要的理论研究意义与实践应用价值。鉴于此，考虑到常规 DEA 方法并未面向微观管理效率评价形成筛选效率要素投入产出属性、提炼效率呈递关联的可行方案，而现有成果在引入 ANP 方法应对复杂情境下的要素关联辨别时仍未解决多元效率内涵的横向可比性难题，因此探析多样化投入产出情景下不同待评价对象的评价目标、评价要素及要素关联的不确定属性与复杂协作结构及关系状态，是目前整合不确定投入产出关系、创新 ANP – DEA 效率评价方法的一个突破点，也是本书整合效率要素间复杂关联构建效率形成、提取与测度框架的主要创新点。

二 不确定投入产出关系的多维呈现特征

在现代科学决策的多重评价诉求下，多决策单元的效率评价时常面临一系列具有多性状的微观投入产出参数。特别是在管理效率评价的近似情

---

① L. Liang et al., "DEA Models for Supply Chain Efficiency Evaluation," *Annals of Operations Research* 1 (2006): 35 – 49.

② 张子源等：《内隐协调对团队创造力的影响研究——任务特征的调节作用》，《科学学与科学技术管理》2014 年第 1 期，第 173 ~ 180 页。

景中，由于其面临复杂多变的合作情境，因此不仅合作经验、学习共享和技能、角色、信任等要素具有投入产出的双重属性，而且内生于治理目标、效率角色/任务、合作范式等多样化工作状态所考察的效率呈现特征也差异显著。鉴于此，为有效刻画一般效率评价情景中的投入产出要素多维不确定关联，从评价目标不确定、评价要素构成不确定和要素关联不确定三个维度，阐释图 6 - 1 所示的要素间不确定关联呈现特征。

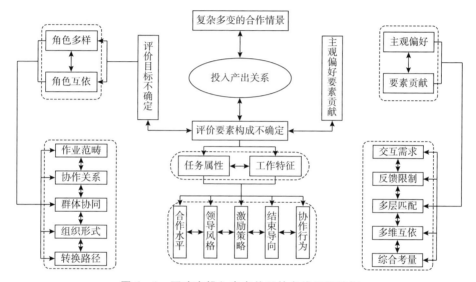

图 6 - 1　不确定投入产出关系的多维呈现特征

1. 评价目标不确定

从效率评价意义与手段的执行内涵来看，评价目标不确定的直接表现即为待评价对象的角色多样与角色互依性。例如，面向高校内理科、工科、文科及艺术类院系不同团队开展效率评价，评价本身即存在由评价客体角色特征差异导致的评价目标多元、差异及关联问题。针对与角色差异关联的目标不确定问题，评价目标不确定的呈现特征为：角色之间的互依性是任何多主体绩效评估过程中始于成员作业范畴的基本特征，M. Hoegl 和 H. G. Gemuenden[①] 指出为完成某项作业或达到某种产出状态，多主体应

① M. Hoegl and H. G. Gemuenden, "Teamwork Quality and the Success of Innovative Projects: A Theoretical Concept and Empirical Evidence," *Organization Science* 4 (2001): 435 - 449.

按照一定方式，通过明确权责与相互关系来维系协作，从而提高整体作业绩效；推而广之，M. Tambe 和 W. Zhang[1] 认为这种角色的互依性也可理解为不同群体层面的协同性，群体间和群体内的个体在一定程度上彼此依据正式的任务及资源配置关系相互依赖，效率评价的初衷即充分提取两个层面协同合作的可能性与有效性；I. Liang 等[2]进一步指出，群体间将基于不同组织形式，分别对交互过程的呈现方式、合作内涵的转换路径和效率的集聚有效性具有显著影响；R. Mitra 等[3]也指出，群体内的合作效率依赖于成员之间交流的程度、目标的定位以及反馈的联合作用。

2. 评价要素构成不确定

作为一种相对属性与有效性的"标的物"，效率评价要素的选取、表征与测度往往直接关联于任务属性差异基础之上的群体工作特征。在完成组织内差异化任务目标的过程中，群体间与群体内成员相互依赖的方式与通过协作达成有效任务目标的程度，即任务的互依性与完成任务过程中成员之间合作动机、意愿与条件限制直接关联，导致决策单元间的效率评价要素构成情况迥异。这一观点目前已被诸多成果证实，关于管理效率评价的大部分研究，强调了引入任务互依性对选取评价要素的重要性。例如：R. Sharma 等[4]指出任务的互依性影响团队成员的合作水平和团队整体提高生产率的能力；R. C. Liden[5] 认为基于不同领导风格的激励策略，采取面向个人或是面向团队的差异化激励方式，将影响协作效率和成员间的相互作用特征；S. B. Sundar[6] 也发现任务目标既定时，在以行为结果为导向的情

① M. Tambe and W. Zhang, "Towards Flexible Teamwork in Persistent Teams: Extended Report," *Autonomous Agents and Multi – Agent Systems* 2 (2000): 159 – 183.

② L. Liang et al., "Alternative Secondary Goals in DEA Cross – efficiency Evaluation," *International Journal of Production Economics* 2 (2008): 1025 – 1030.

③ R. Mitra et al., "Pupillary Response to Complex Interdependent Tasks: A Cognitive – load Theory Perspective," *Behavior Research Methods* 5 (2016): 1 – 15.

④ R. Sharma and P. Yetton, "The Contingent Effects of Management Support and Task Interdependence on Successful Information Systems Implementation," *MIS Quarterly* 27 (2010): 533 – 555.

⑤ R. C. Liden et al., "Leader – member Exchange, Differentiation, and Task Interdependence: Implications for Individual and Group Performance," *Journal of Organizational Behavior* 6 (2006): 723 – 746.

⑥ S. Binil Sundar, "Efficient Teamwork Performance on Organization Culture in Construction," *International Journal of Physical & ssocial Sciences* 4 (2012): 177 – 199.

况下，关注协作行为的效率水平明显高于关注独立行为的效率情况。

3. 要素关联不确定

在多元评价导向与目标下，差异化的任务关联和角色关联将依赖彼此形成的互依性，作用于观测效率涌现的主观偏好，不仅使得相同要素的群体间效率贡献存在差别，而且使得要素间交互作用产生的效率贡献差异显著。参照 M. Fujimoto[①] 的观点，任务与角色交互呈现的互依性是指在群体协作条件下任务的互依性与成员角色互依性之间存在的交互需求和反馈限制。具体而言，这种交互过程互依性体现的要素不确定关联为：彭增圆[②]发现，任务的互依性越复杂，完成作业过程中要求成员之间具备更多的角色依赖和支持，即更多的角色互依属性；刘颖等[③]认为，随着任务互依性的增加，群体成员需要配置更多的合作与交流权限，而组织管理理念的差别将形成多种匹配策略；J. B. Carson 和 J. A. Marrone[④] 发现，角色与任务的复杂关联体现在成员身兼数职过程中对多个人目标、部门需求、合作倾向等的综合考量，且界定互依性的维度数量越多，对成员协作能力考察的要求越高。

三　针对案例情景的评价方法构建

多维不确定投入产出关系呈现的评价目标、评价要素与要素间关联不确定性，为有效识别差异化 DMU 评价内涵的包容性、兼容性与内在一致性属性增添阻碍。积极响应近似不确定性对效率评价的不利干扰，部分学者已经提出针对不同测度情景的 ANP – DEA 方法。如陆康等（2013）将 ANP 方法应用于初始投入产出指标的标准化处理；R. D. Rouyendegh 和

---

① M. Fujimoto，"Team Roles and Hierarchic System in Group Discussion," *Group Decision & Negotiation* 25 （2016）：585 – 608.

② 彭增圆：《多团队互依性、协作过程和有效性关系的实证研究》，硕士学位论文，浙江工商大学，2016。

③ 刘颖等：《团队薪酬分配过程、任务互依性对成员合作影响的实验研究》，《经济科学》2012 年第 5 期，第 92～103 页。

④ J. B. Carson and J. A. Marrone，"Shared Leadership in Teams：An Investigation of Antecedent Conditions and Performance," *Academy of Management Journal* 5 （2007）：1217 – 1234.

S. Erol[1] 引入 ANP 方法集结产出要素间的作用关联形成了新产出指标；Hakyeon 等[2]借助 ANP 方法拓展阶段化评价的效率关联，形成了面向独立单元的多层次效率关系整合方法；陈可嘉、于先康[3]围绕投入产出属性的锥性约束特征，通过借鉴 ANP 方法确定输入输出指标的混合权重向量，提出了依据混合权重向量反向构造输入输出指标混合判断矩阵的方法，用以克服完全主观偏好对要素间复杂影响与反馈关系的系统性判断偏差。分析上述研究进展可知，参照多维不确定情景下的效率评价复杂特征，虽然这些成果可以为提取、转换、融合投入产出要素间的复杂关联提供一定借鉴，但显然并未充分调动 ANP 方法对复杂多维度不确定要素关联的解析优势，ANP – DEA 方法在辨识要素投入产出属性、提炼决策单元效率涌现范式等方面仍然存在诸多改善空间。

鉴于此，为从评价的系统性、结构性和包容性三个层面有效挖掘具有可比较优势的效率评价内涵，从选取投入产出指标的不确定性、提取效率涌现路径的不确定性、多元效率内涵横向比较的不确定性三个方面，分析如图 6 – 2 所示的目前 DEA 方法应对不确定投入产出关系的不足，可得到现有方法的四个缺陷：缺陷 1，未调动 ANP 方法的解析优势；缺陷 2，难以应对多维评价目标的复杂不确定干扰；缺陷 3，未响应多层次决策单元的差异化效率涌现模式；缺陷 4，缺少内在效率一致性前提下的效率水平横向比较。

1. 选取投入产出指标的不确定性

受制于评价目标形成的多元导向，评价要素的不确定性将影响要素的投入产出内涵，导致用于评价的参数常常同时具有投入或产出的多性状属性。关注与这种不确定影响相近似的决策需求，在无明确投入的 DEA 模型探索中，部分学者已针对投入、产出数据的缺失问题（一定程度上）形成

---

① B. D. Rouyendegh and S. Erol, "The DEA – Fuzzy ANP Department Ranking Model Applied in I-ran Amirkabir University," *Acta Polytechnica Hungarica* 4 (2010): 103.

② Hakyeon Lee et al., "On the R&D Priority Setting in Technology Foresight: A DEA and ANP approach," *International Journal of Innovation & Technology Management* 2 (2011): 1015 – 1019.

③ 陈可嘉、于先康：《基于 ANP 权重确定的 AHP – DEA 模型及其在逆向物流服务供应商选择中的应用》，《数学的实践与认识》2012 年第 21 期，第 1 ~ 8 页。

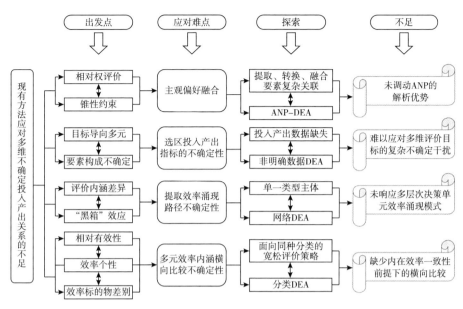

图 6 – 2　现有方法应对多维不确定投入产出关系的不足

了初步研究成果。例如：Thanassoulis 等（1996）和 D. K. Despotis[①] 解析了带有效率数据的 DEA 模型；在此基础上，Liu 等[②] 将效率数据和仅有产的出数据等都归为非明确数据（Without Explicit Inputs，WEI），并引入决策者价值构建了 DEA – WEI 模型；W. B. Yang 等[③] 则进一步针对 DEA – WEI 模型与效用函数之间的关联，通过引入多属性效用理论（MAUT）构造了带有非线性参数的 DEA – WEI 模型。这些成果为应对独立情景下的效率要素多性状属性提供了前期分析范式，但仍难以响应多维评价目标的复杂的不确定干扰。

2. 提取效率涌现路径的不确定性

在效率评价内涵存在客观差异的前提下，要素构成的不确定性将进一步加剧要素作用关联的不确定性，导致效率涌现路径的解析难度进一步提

①　D. K. Despotis，"Measuring Human Development via Data Envelopment Analysis：The Case of Asia and the Pacific，" *Omega* 5（2005）：385 – 390.

②　W. B. Liu et al.，"A Study of DEA Models without Explicit Inputs，" *Omega* 5（2011）：472 – 480.

③　G. Yang et al.，"Extended Utility and DEA Models without Explicit Input，" *Journal of the Operational Research Society* 65（2014）：1212 – 1220.

升，为窥探决策单元的"黑箱"效应增加了阻碍。考虑到常规 DEA 模型并未关注评估对象内部要素间的相互作用，从而形成单元式或部门式的有序关联解析思维，目前网络 DEA 模型已针对单一类型主体决策问题初步形成了克服该缺陷的分析方法。例如：K. Tone 和 M. Tsutsui[1] 引入松弛变量，提出内部网络 DEA 模型，并实现了独立单元评价；为打开决策单元的"黑箱"，R. Färe 和 S. Grosskopf[2] 提出网络效应 DEA 模型，形成了评价独立 DMU 整体和内部集合间相对效率的方案；W. D. Cook 等[3]则引入加性网络，进一步探析了这种整体与局部的"黑箱"内相对有效性评价规则。目前涌现的独立或单一 DMU "黑箱"解析方法，为提取多维不确定投入产出关系的效率涌现路径提供了一定借鉴，但如何响应多层次 DMU 在效率涌现范式上的系统性、结构性偏差，仍是当前研究的短板。

3. 多元效率内涵横向比较的不确定性

效率评价的相对有效性思维限定了评价对象间需要具有近似评价内涵这一基本条件，然而实际决策情景可能并未满足该"苛刻"原则。体现为：一方面，评价对象的效率呈递基础千差万别，管理理念差异、决策风格差异和策略导向差异，均能在评价针对性和周期性两个维度，产生"足以"区别对待不同 DMU 的"效率个性"；另一方面，评价对象的效率"标的物"存在客观"领域性"差别，由于同一评价情景下不同 DMU 对质量、水平、能力、创新性、影响力等产出范畴的内涵理解往往存在偏差，因此多元主体的效率内涵横向可比较性常有待商榷。针对该难点，目前已经针对宽松评价策略下（不同分类间无效率比较）的绝对内涵差异情况，形成了应对决策单元存在类别差异的分类 DEA 模型。例如 H. O. Fried 等[4]将决策单元划分为可控与不可控两类，引入 "0 – 1" 变量确保同类 DMU 内的参照点均在本类或更低类别中；在此基础上，

---

① K. Tone and M. Tsutsui, "Network DEA: A Slacks – based Measure Approach," *European Journal of Operational Research* 1 (2009): 243 – 252.

② R. Färe and S. Grosskopf, "Network DEA," *Socio – economic Planning Sciences* 1 (2000): 35 – 49.

③ W. D. Cook et al., "Network DEA: Additive Efficiency Decomposition," *European Journal of Operational Research* 2 (2010): 1122 – 1129.

④ H. O. Fried et al., "Accounting for Environmental Effects and Statistical Noise in Data Envelopment Analysis," *Journal of Productivity Analysis* 1 (2002): 157 – 174.

M. J. Syrjänen[1] 提出了针对该问题的分析框架，G. Löber 和 M. Staat[2] 据此提出了改进模型。基于决策单元类别差异的 DEA 模型为多元效率内涵的分类比较提供了可行途径，但尚未针对内在效率一致性前提下的多元效率内涵横向比较问题开展进一步探索。

4. 整合不确定投入产出关系的新方法构建

分析现有方法在应对多维不确定投入产出关系时的不足可知，仅依赖于 DEA 内部的相对权判断策略已难以有效整合由决策单元本身"个性"形成的外部输入型效率干扰，而现有 ANP - DEA 方法虽然在整合内外属性判断偏好方面做出了一定贡献，但整合不确定产出关系的维度仍然有限，尚未形成具有系统性、结构性和包容性优势的分析框架。鉴于此，考虑既定情景内效率属性（测度导向、要素及其关联）、效率周期（涌现途径与方式）与效率不确定性（政策、市场、创新的不确定性）等多维度的交互作用，针对现有方法在应对多维不确定投入产出关系时呈现的四方面缺陷，将做如下改进：①针对缺陷 2，在步骤 1 与步骤 2 中依据专家组形成的效率评价意见提出多维效率的评价内涵与初始参数，用以反映不同类型待评价对象的共性特征；②针对缺陷 1 和 3，在步骤 3 与步骤 4 中引入 ANP 方法提炼多元 DMU 的复杂关联与转换需求，用以明确不同类型 DMU 的效率涌现特征（权重）；③针对缺陷 1 和 4，在步骤 5 中辩证分析多层次效率的涌现范式，提出其内在一致性效率可比策略导向下的集结方法，用以充分挖掘复杂情境下要素关联辨别与影响幅度测定的可行结果。具体而言本书所构建的 ANP - DEA 效率评价新方法的思路如图 6 - 3 所示。

步骤 1：多方案效率评价导向对比分析。

效率评价组织方联合具有管理职能的决策单元内部人员和相关领域专家形成评价专家组。在充分考虑效率评价专家组前期针对效率基础、特征与差别等内容考察意见的基础上，从各决策单元的效率内涵、评价要点与

---

① M. J. Syrjänen, "Non - discretionary and Discretionary Factors and Scale in Data Envelopment A-nalysis," *European Journal of Operational Research* 1（2004）：20 - 33.

② G. Löber and M. Staat, "Integrating Categorical Variables in Data Envelopment Analysis Models：A Simple Solution Technique," *European Journal of Operational Research* 3（2010）：810 - 818.

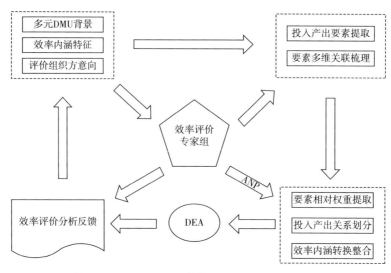

图 6 – 3   ANP – DEA 效率评价新方法的构建思路

关注的难点问题等方面着手，提取与各独立方案直接相关的效率评价要素、维度与横向可比较信息，供专家组决策参考。

步骤 2：各方案评价内涵界定与效率要素提取。

依据步骤 1 提供的效率评价情景信息，专家组参照决策单元的整体评价内涵分类情况，在结合各参评 DMU 效率呈现特征的基础上，划分并判定待评价决策单元所对应的效率类型（如针对高校团队评价可按学科划分、针对企业评价可按行业或领域划分），并据此分类提出具有足够包容性内涵的效率评价要素，得到针对 i 个待评价单元及 j 个待评价要素的效率评价要素赋值矩阵 $A = [a_{ij}]$。需要指出的是，遵循主客观相结合的评价需求，这些要素将具有不同的纲量和作用方向，为规范起见，客观数据将使用 Z – score 方法做 0 ~ 10 的规范化处理，并使用同样标度对各主观评价要素的具体存在状态进行赋值标识（要求统一赋值规则，如数值范围及其相关方向）。在这种评价基础信息判定策略下，不同类型的决策单元将往往形成数量与结构迥异的要素集合，其效率涌现方式与内在可比性有待依据下文步骤 3 进一步探讨。

步骤 3：同类方案的要素网络关系结构搭建。

专家组选择具有同种效率内涵的决策单元，梳理其效率评价要素间的作用关系，构建用于 ANP 分析的要素间网络结构图。设该类型决策单元的整体产出效率或投入效率评价目标为 G（用以区分具有双重属性的要素），不同准则层的效率评价维度为 $X_l(l = 1,2,3,\cdots,n_1)$，网络层中的具体评价要素集合为 $Y = \{Y_j\}(j = 1,2,3,\cdots,n_2)$。结合不同评价导向、评价内涵与 DMU 特性对相关要素关联的判定影响，通过专家组对所评价问题的多轮次讨论分析，将该情景下的效率评价要素复杂系统分解为几个简单子系统。据此，专家组以目标层为衡量基准考察准则层间、要素层间的相互作用强度，组建一个由该类型 DMU 所有影响要素和影响要素集合组成的网络结构，并应用同样方法梳理所有其他类型 DMU 的要素网络结构。

步骤 4：基于 ANP 的效率指标相对权重求解。

遵循集体判定给出的多种类型 DMU 效率评价要素间的网络结构，专家组结合所提取的要素及其赋值并参照 Saaty 教授提出的 ANP 求解方法，依据两两要素间的直接优势度或间接优势度对比策略，分别构建并求解各类型 DMU 的判断矩阵。据此，在同类 DMU 内，将准则层 X_l 作为子评判标准可得到 l 个判断矩阵 S_x，在求解矩阵并经归一化处理后可得到相应准则层对其他各准则层的影响权重列向量 ω_{xj} 及其加权矩阵 M，同理继续构建准则层和网络层内部要素影响矩阵可得到反映所有要素相对权重的初始超矩阵 W。W 与 M 分块相乘之后可得到列归一化的加权超矩阵 $\overline{W}$，其收敛的极限列值，即第 j 列为该类型 DMU 内各要素相对于目标层的综合权重 ω_j。同理，可计算得到所有类型 DMU 内各要素的综合权重。

步骤 5：投入产出关系划分及整合。

依据专家组意见，可根据各类型 DMU 内的要素权重排序及分布情况，选取部分要素为投入（或产出）指标（取决于评价目标为投入导向或是产出导向）。在此基础上，参照专家组意见形成的面向不同类型 DMU 的投入产出指标整合策略。具体整合方法为：使用 ANP 方法形成的属性权重，经加权求和后，计算得到所有 DMU 评价指标的综合测度数值，可直接用于下文步骤 6 的效率评价环节。

步骤 6：效率评价与反馈。

依据步骤 5 给出的多元 DMU 投入产出关系整合策略，不仅能够在效率评价内涵内在一致性导向下实现不同类型效率的横向比较，而且可以通过合理削减指标数量提高效率评价有效性。基于这种考虑，将步骤 5 得到的复合内涵效率评价指标应用于 DEA 方法的效率测度环节。此处，借鉴 Charnes 等学者的 DEA – CCR 模型求解方法，计算各决策单元的效率评价值。依据得到的效率评价结果，在参照 DMU 情景类别划分及要素权重分布的基础上，能够实现效率评价信息的横向比较、回溯分析与定向反馈。

四　案例团队效率评价

以该公司下属的 11 个创新团队（$U_1 \sim U_{11}$）为例，评价分析这些团队在考核期内的管理效率。为全面了解各创新团队的创新理念、管理风格、资源基础、行业特征及相关管理难点问题，形成团队管理效率评价要素及其关联的系统探析基础。首先邀请熟悉团队内部管理实情的 9 位管理人员、3 位团队管理专家及 1 位评价负责人组成专家组，并依据步骤 1 和步骤 2 的方法进行各创新团队管理效率评价要素提取及其存在状态数据的整理和赋值（每位专家独立赋值后形成算术均值后取整数，如专家组对团队 1 的角色结构评分为 3，说明该团的角色结构较为固化，在效率投入中比重较低），指标结构及赋值如表 6 – 1 所示。为简明起见，表 6 – 1 中所列数值已做标准化处理，其中 W 表示工作组型创新团队，N 表示网络型创新团队，L 表示层式类型创新团队。

表 6 – 1　案例 DMU 的管理效率评价要素及赋值

		U_1	U_2	U_3	U_4	U_5	U_6	U_7	U_8	U_9	U_{10}	U_{11}
角色结构	a_1	3	4	3	3	5	5	9	2	9	3	4
技能结构	a_2	3	3	4	3	4	3	4	3	4	3	3
任务结构	a_3	6	6	6	5	5	5	5	6	6	6	6
公民组织管理	a_4	7	6	7	5	5	5	6	7	6	7	6
沟通协作	a_5	9	4	6	4	6	4	7	4	5	9	4
资源处置	a_6	6	6	5	5	7	6	7	7	8	6	6
团队发展	a_7	3	5	6	4	5	5	6	7	7	3	5
信任程度	a_8	6	6	7	4	6	4	7	7	6	6	6
资源融合	a_9	8	7	7	7	5	6	7	5	5	8	7
DMU 类型		W	N	N	W	N	N	W	L	L	W	L	–

在此基础上，专家组依据产出效率导向及步骤 3、步骤 4 方法，分别对

层式型、工作组型和网络型三种类型 DMU 管理效率的准则间、要素间关联做出两两相对重要性判定（具体过程不在此赘述），并依据得到的管理效率要素关联测度加权超矩阵（表 6 - 2 ~ 表 6 - 4），可计算得到管理效率要素关联测度极限超矩阵（表 6 - 5 ~ 表 6 - 7），进而得到网络型 DMU 网络层要素 a_1 ~ a_9 的综合权重分别为 0.0589、0.3064、0.0347、0.1664、0.0319、0.1017、0.2208、0.0285、0.0507，工作组型 DMU 网络层要素 a_1 ~ a_9 的综合权重分别为 0.3054、0.1189、0.0712、0.0248、0.0081、0.0379、0.0780、0.3238、0.0319，层式型 DMU 网络层要素 a_1 ~ a_9 的综合权重分别为 0.0183、0.0077、0.0530、0.0893、0.3786、0.0584、0.1137、0.2432、0.0378。

表 6 - 2　网络型 DMU 管理效率要素间作用关联的加权超矩阵

	a_1	a_2	a_3	a_4	a_5	a_6	a_7	a_8	a_9
a_1	0.1181	0.1181	0.1748	0.0363	0.0320	0.0261	0.0000	0.0000	0.0000
a_2	0.6858	0.6858	0.5979	0.1152	0.1056	0.1242	0.0000	0.0000	0.0000
a_3	0.0711	0.0711	0.1022	0.0152	0.0291	0.0164	0.0000	0.0000	0.0000
a_4	0.0000	0.0000	0.0000	0.4746	0.4846	0.4846	0.0693	0.0931	0.0931
a_5	0.0000	0.0000	0.0000	0.0812	0.0912	0.0912	0.0210	0.0203	0.0203
a_6	0.0000	0.0000	0.0000	0.2776	0.2575	0.2575	0.0763	0.0533	0.0533
a_7	0.0781	0.0819	0.0948	0.0000	0.0000	0.0000	0.6319	0.5907	0.6208
a_8	0.0171	0.0119	0.0113	0.0000	0.0000	0.0000	0.0754	0.0938	0.0821
a_9	0.0298	0.0312	0.0189	0.0000	0.0000	0.0000	0.1260	0.1489	0.1304

表 6 - 3　工作组型 DMU 管理效率要素间作用关联的加权超矩阵

	a_1	a_2	a_3	a_4	a_5	a_6	a_7	a_8	a_9
a_1	0.5469	0.5469	0.5469	0.0000	0.0000	0.0000	0.0893	0.0786	0.0633
a_2	0.2087	0.2087	0.2087	0.0000	0.0000	0.0000	0.0341	0.0343	0.0553
a_3	0.1194	0.1194	0.1194	0.0000	0.0000	0.0000	0.0195	0.0300	0.0242
a_4	0.0431	0.0416	0.0529	0.0400	0.0583	0.0400	0.0000	0.0000	0.0000
a_5	0.0136	0.0175	0.0116	0.0152	0.0126	0.0152	0.0000	0.0000	0.0000
a_6	0.0684	0.0660	0.0606	0.0698	0.0541	0.0698	0.0000	0.0000	0.0000
a_7	0.0000	0.0000	0.0000	0.1559	0.1949	0.1601	0.1386	0.1568	0.1527
a_8	0.0000	0.0000	0.0000	0.6575	0.6187	0.6491	0.6603	0.6359	0.6441
a_9	0.0000	0.0000	0.0000	0.0616	0.0614	0.0658	0.0582	0.0645	0.0604

表 6 - 4　层式型 DMU 管理效率要素间作用关联的加权超矩阵

	a_1	a_2	a_3	a_4	a_5	a_6	a_7	a_8	a_9
a_1	0.2970	0.1494	0.1919	0.0000	0.0000	0.0000	0.1830	0.2628	0.2176
a_2	0.1634	0.3764	0.1744	0.0000	0.0000	0.0000	0.0752	0.0786	0.0914
a_3	0.5396	0.4742	0.6337	0.0000	0.0000	0.0000	0.7418	0.6586	0.6910
a_4	0.1603	0.1721	0.1365	0.1218	0.1721	0.2583	0.0000	0.0000	0.0000
a_5	0.6908	0.7258	0.6250	0.8044	0.7258	0.6370	0.0000	0.0000	0.0000
a_6	0.1488	0.1020	0.2385	0.0738	0.1020	0.1047	0.0000	0.0000	0.0000
a_7	0.0000	0.0000	0.0000	0.2560	0.1939	0.3196	0.2583	0.3234	0.2970
a_8	0.0000	0.0000	0.0000	0.6708	0.7429	0.5584	0.6370	0.5876	0.5396
a_9	0.0000	0.0000	0.0000	0.0732	0.0633	0.1220	0.1047	0.0890	0.1634

表 6 - 5　网络型 DMU 管理效率要素间作用关联的极限超矩阵

	a_1	a_2	a_3	a_4	a_5	a_6	a_7	a_8	a_9
a_1	0.0589	0.0589	0.0589	0.0589	0.0589	0.0589	0.0589	0.0589	0.0589
a_2	0.3064	0.3064	0.3064	0.3064	0.3064	0.3064	0.3064	0.3064	0.3064
a_3	0.0347	0.0347	0.0347	0.0347	0.0347	0.0347	0.0347	0.0347	0.0347
a_4	0.1664	0.1664	0.1664	0.1664	0.1664	0.1664	0.1664	0.1664	0.1664
a_5	0.0319	0.0319	0.0319	0.0319	0.0319	0.0319	0.0319	0.0319	0.0319
a_6	0.1017	0.1017	0.1017	0.1017	0.1017	0.1017	0.1017	0.1017	0.1017
a_7	0.2208	0.2208	0.2208	0.2208	0.2208	0.2208	0.2208	0.2208	0.2208
a_8	0.0285	0.0285	0.0285	0.0285	0.0285	0.0285	0.0285	0.0285	0.0285
a_9	0.0507	0.0507	0.0507	0.0507	0.0507	0.0507	0.0507	0.0507	0.0507

表 6 - 6　工作组型 DMU 管理效率要素间作用关联的极限超矩阵

	a_1	a_2	a_3	a_4	a_5	a_6	a_7	a_8	a_9
a_1	0.3054	0.3054	0.3054	0.3054	0.3054	0.3054	0.3054	0.3054	0.3054
a_2	0.1189	0.1189	0.1189	0.1189	0.1189	0.1189	0.1189	0.1189	0.1189
a_3	0.0712	0.0712	0.0712	0.0712	0.0712	0.0712	0.0712	0.0712	0.0712
a_4	0.0248	0.0248	0.0248	0.0248	0.0248	0.0248	0.0248	0.0248	0.0248
a_5	0.0081	0.0081	0.0081	0.0081	0.0081	0.0081	0.0081	0.0081	0.0081
a_6	0.0379	0.0379	0.0379	0.0379	0.0379	0.0379	0.0379	0.0379	0.0379
a_7	0.0780	0.0780	0.0780	0.0780	0.0780	0.0780	0.0780	0.0780	0.0780
a_8	0.3238	0.3238	0.3238	0.3238	0.3238	0.3238	0.3238	0.3238	0.3238
a_9	0.0319	0.0319	0.0319	0.0319	0.0319	0.0319	0.0319	0.0319	0.0319

表 6 - 7　层式型 DMU 管理效率要素间作用关联的极限超矩阵

	a_1	a_2	a_3	a_4	a_5	a_6	a_7	a_8	a_9
a_1	0.0183	0.0183	0.0183	0.0183	0.0183	0.0183	0.0183	0.0183	0.0183
a_2	0.0077	0.0077	0.0077	0.0077	0.0077	0.0077	0.0077	0.0077	0.0077
a_3	0.0530	0.0530	0.0530	0.0530	0.0530	0.0530	0.0530	0.0530	0.0530
a_4	0.0893	0.0893	0.0893	0.0893	0.0893	0.0893	0.0893	0.0893	0.0893
a_5	0.3786	0.3786	0.3786	0.3786	0.3786	0.3786	0.3786	0.3786	0.3786
a_6	0.0584	0.0584	0.0584	0.0584	0.0584	0.0584	0.0584	0.0584	0.0584
a_7	0.1137	0.1137	0.1137	0.1137	0.1137	0.1137	0.1137	0.1137	0.1137
a_8	0.2432	0.2432	0.2432	0.2432	0.2432	0.2432	0.2432	0.2432	0.2432
a_9	0.0378	0.0378	0.0378	0.0378	0.0378	0.0378	0.0378	0.0378	0.0378

　　综合上述要素权重分布情况，专家组选取权重数值排位在前30%（前3位）的要素为产出指标，其余要素为投入指标。在此基础上，邀请专家组依据步骤5的方法整合各类 DMU 的投入产出关联，各 DMU 评价指标的归并方式和所有类型 DMU 综合效率指标数值如表6-8所示。

表 6 - 8　所有类型 DMU 的综合效率指标数值

归并要素	a_5、a_7、a_9 a_5、a_6、a_8 a_2、a_3、a_4	a_3、a_4、a_6 a_1、a_3、a_9 a_1、a_6、a_9	a_8 a_2 a_5	a_1 a_7 a_8	a_2 a_4 a_7	W N L
	投入 I_1	投入 I_2	产出 O_1	产出 O_2	产出 O_3	DMU 类型
U_1	0.6396	0.4775	2.5904	2.7486	0.4756	W
U_2	0.5182	0.5183	2.7576	1.9872	0.4992	N
U_3	0.8390	0.8658	1.8384	1.1040	0.8320	N
U_4	0.6999	0.8119	2.2666	2.1378	0.7134	W
U_5	0.7122	0.7562	2.4512	1.5456	0.6656	N
U_6	1.0330	0.9325	1.8384	1.5456	0.8320	N
U_7	0.7318	0.7159	2.2666	2.4432	0.5945	W
U_8	0.7744	0.5703	2.2716	1.7024	0.6822	L
U_9	1.0500	0.6859	1.8930	1.2160	0.7959	L
U_{10}	0.8721	0.8151	2.2666	1.8324	0.5945	W
U_{11}	1.1470	0.7214	1.5144	1.4592	0.6822	L

在整合不同类型 DMU 的不确定投入产出关系后，应用步骤 6 给出的产出导向下 DEA – CCR 模型对 11 个案例团队进行管理效率评价。若沿用常规效率评价思路，参照专家意见仅选取具有成果属性的要素 a_6、a_7 和 a_8 作为产出指标，且直接使用初始赋值信息执行相同的效率评价方案，可得到与本书新评价方法差异显著的效率评价结果。本书评价方案及常规方案得到的简要效率评价结果如表 6 – 9 所示，为简洁起见与评价结果解析相关的整体冗余信息及各 DMU 效率信息不在此赘述。

表 6 – 9   本书及常规评价方法的效率评价结果

	本书方法				常规方法			
	crste	vrste	scale		crste	vrste	scale	
U_1	0.833	1.000	0.833	irs	1.000	1.000	1.000	—
U_2	0.986	1.000	0.986	irs	0.887	1.000	0.887	irs
U_3	1.000	1.000	1.000	—	0.857	0.857	1.000	irs
U_4	1.000	1.000	1.000	—	1.000	1.000	1.000	—
U_5	0.917	0.919	0.997	drs	1.000	1.000	1.000	—
U_6	0.854	1.000	0.854	drs	1.000	1.000	1.000	—
U_7	0.997	0.999	0.998	drs	1.000	1.000	1.000	—
U_8	1.000	1.000	1.000	—	1.000	1.000	1.000	—
U_9	0.970	1.000	0.970	drs	0.906	0.962	0.941	drs
U_{10}	0.845	0.998	0.846	drs	1.000	1.000	1.000	—
U_{11}	0.791	0.906	0.873	drs	1.000	1.000	1.000	—

注：表中 crste 为综合效率，vrste 为纯技术效率，scale 为规模效率， – 为规模效率不变，drs 为规模效率下降，irs 为规模效率提高。

分析表 6 – 9 可知，本书方案识别出的相对具有效率团队为 U_3、U_4、U_8；常规方案识别出的相对具有效率团队为 U_1、U_4、U_5、U_6、U_7、U_8、U_{10}、U_{11}。在未能有效调动决策专家挖掘不同类型 DMU 效率评价内涵差异及特征的前提下，常规方法的无差别相对权比较策略导致 DMU 大比例有效，结论的有效性较低，"可信性" 降低，不能反映多类对象间实际的效率层次差别，且不利于后续的效率反馈与评价。这种评价结果表明，相对常规方法，本书构建的管理效率评价方案更具优势，不仅得到的整体效率识别结果更具横向比较价值，可以考察层式类型、工作组型、网络型三种类型的团队管理相对效率，而且面向综合效率、纯技术效率和规模效率得到的具体测度信息更具解读优势。以上分析结论表明，应用本书所构建的 ANP－DEA 方法可以有效结合目前多维不确定投入产出关联的特殊效率评价需求，不仅实现投入产出指标的系统识别和作用关联提取，而且可以结合"技术/规模"这一复合效率内涵形成面向不同类型 DMU 的可比性评价结果，表明本书所提出的上述评价方案有效、可行。

五　案例评价结果简析

分析表 6－9 的相对效率评价结果，不难发现不同种类的创新团队及同种团队的不同个体间效率差别显著，下面，结合每种类型创新团队的不同解析维度针对性地给出各案例团队管理效率的完善对策。

1. **层式型创新团队 U_8、U_9、U_{11} 管理效率完善对策分析**

由表 6－9 可知，创新团队 U_8、U_9、U_{11} 虽然同为层式型创新团队，但是 U_8 为相对具有效率团队，处于技术和规模有效状态，投入－产出也达到了最优状态，而 U_9、U_{11} 为非 DEA 有效团队，处于规模效益递减状态，存在规模过大的情况，结合前文对层式型创新团队结构效率的研究，需要针对这种效率状态给出角色结构、技能结构和任务结构三方面的改善对策。如针对团队 U_8，要在角色结构方面注重对角色弹性的培养，而增强该团队角色结构弹性的一个重要内容，即是增强团队带头人的角色差异意识，使独立于自身技能结构或者人格偏好的多样化复合型角色关系具有存在的可行性，而这也进一步凸显出多样化成员发展通道对该扁平化治理结构的重要意义。针对团队 U_9，要在技能结构方面进一步提升技能互补并努力搭建完整的技能体系，这就要求该团队在满足管理功能完备的前提下，以适应任务结构与成员关系显性管理为目标，有效减少由技能差异带来的角色关联复杂、职能边界模糊等有可能降低协作效率的负面因素，满足完整性、异质性、互补性、对位性等对层式团队人员配备的要求。针对团队 U_{11}，要在任务结构方面增强任务目标及过程体系的系统化，以适应低任务情境和高任务情境的多层次需求为导向，明确不同层次领导行为与人际沟通诉求的满意度状态，努力借助任务结构的调整优化实现任务自主权、风险分担与目标管理等层式团队的主要管理功能。

2. 工作组型创新团队 U_1、U_4、U_7、U_{10} 管理效率完善对策分析

由表 6 - 9 可知，创新团队 U_1、U_4、U_7、U_{10} 虽然同为工作组型创新团队，但是 U_4 为相对具有效率团队，处于技术和规模有效状态，投入 - 产出也达到了最优状态，而 U_1、U_7 和 U_{10} 为非 DEA 有效团队，U_1 处于规模效益递增状态，投入力度偏小，而 U_7 和 U_{10} 处于规模效益递减状态，存在规模过大的情况，结合前文对工作组型创新团队关系效率的研究，给出这些团队在公民组织管理、沟通协作和资源处置等方面的改善对策。如针对团队 U_1，要在公民组织管理方面加强权力结构设置的引导与优化，明确工作组团队在独立治理定位方面的特殊性，进一步从行政权力、学术权力和政治权力等方面，平衡个人利益与集体目标的关系，协调好各权利主体增强整体协同度和内聚力，避免权责不清带来的团队冲突而增加成本消耗，特别是面向国有企业政治和行政色彩浓重的现实情况，要重视学术权利边缘化问题的可能影响，要把秩序、工作环境和程序的公平性要素通过显性的规范与制度做明确定义。针对团队 U_7，要在沟通协作方面强化各参与方对整体目标的共同理解与认同，努力通过更为直观的价值认同方式，增强换位意识、冲突认可和沟通方向的认识，同时也要对于适度冲突的建设性意义予以肯定，以在集中有限资源、回避分散局面等方面努力提升工作组的执行效率。针对团队 U_{10}，要在资源处置方面形成有效的集约化分配制度，不仅要积极应对成员集体角色适应过程中出现的角色模糊、角色冲突和角色超载给团队成员带来的不良情绪，而且也要努力通过任务关联建立起角色认知、角色技能和角色期望的基本预期，满足团队资源再分配对成员间经验、知识和技能的交流传播产生邻近效应和整合效应的基本诉求。

3. 网络型创新团队 U_2、U_3、U_5、U_6 管理效率完善对策分析

由表 6 - 9 可知，创新团队 U_2、U_3、U_5、U_6 虽然同为网络型创新团队，但是 U_3 为相对具有效率团队，处于技术和规模有效状态，投入 - 产出也达到了最优状态，而 U_2、U_5 和 U_6 为非 DEA 有效团队，U_2 处于规模效益递增状态，投入力度偏小，而 U_5 和 U_6 处于规模效益递减状态，存在规模过大的情况，结合前文对网络型创新团队融合效率的研究，给出在团队发展、信任和资源融合三方面的改善对策。如针对团队 U_2，要在团队发展方面明确组建期、磨合期、规范期和执行期等不同阶段的管理侧重点，注重在合作过程中不断尝试和取舍不同的合作模式，力图通过策略性的选择增强团队的外部环境适应能力，而这就要求该团队应保持良好的内部竞争态势，借助信息公开而不是内部控制的方式来提供成员交流和施展能力的平台。针对团队 U_5，要在团队信任方面处置好组织维度、团队功能维度与个人发展维度的策略关系，组织方面要首先营造公平、公正的组织文化，团队功能方面要提供领导功能的实施空间与权威传递通道，个人发展方面要着眼于成员间建立正直、忠诚、坦白和责任意识等因素的形成，切实提供更多的能够体现人文关怀的交流沟通渠道。针对团队 U_6，要在资源融合方面形成以环境优势为导向的资源识别、获取、配置与利用的良性机制，其中针对可能存在的企业团队行政化治理问题，有必要面向资源识别与获取等方面努力探寻网络、政府和合作伙伴等各种合作渠道的潜在资源，即通过放大网络关系的辐射与呈递效应，积极转变行政化治理可能带来的开放性不足与路径依赖问题，将企业从外部获取的技术、人力和财务资源与团队已拥有的资源进行有机匹配融合，内化于团队，从而形成企业持久的效益和竞争优势。

六　小结

考虑到该烟草公司创新团队面临的一系列复杂情境和亟须解决的问题，为进一步检验前文章节所提出的创新团队效率评价理论和方法，本章选取前文中的一种方法组合即 ANP 方法（也可替换为 DEMATEL 方法和多属性群决策方法）和 DEA 方法相结合对该烟草公司内的 11 个创新团队进行一般情况下的效率评价。首先，从评价目标不确定、评价要素构成不确定和要素关联不确定三个维度，刻画一般效率评价情景中的要素间不确定关联呈现特征；其次，从选取投入产出指标的不确定性、提取效率涌现路径的不确定性、多元效率内涵横向比较的不确定性三个方面，阐释了目前DEA 方法在评价系统性、结构性和包容性三个层面应对不确定投入产出关系的不足；再次，为提取、转换并融合多性状微观投入产出参数的不确定关联，创造性地挖掘 ANP 方法的复杂关联解析优势，融合 DEA 方法的效率内涵及相对权比较理念形成能够系统评价多类型 DMU 运行效率的新方案；最后，结合面向该烟草公司内 11 个创新团队开展的案例应用，检验了以上理论和方法的可行性及有效性。通过以上研究，本书初步形成了应对复杂情景下多类型决策单元的相对效率评价方案，对相关不确定投入产出关系的多维度整合与相对效率评价内涵表征具有一定借鉴意义。

通过对云南某烟草公司部分创新团队微观管理效率的评价，不仅基于实际管理情景检验了前文所提创新团队效率评价方法的可行性和有效性，而且进一步系统提出案例中不同创新团队在多元化管理情境下的针对性完善对策，体现了本书创新性提出的面向多维不确定投入产出关系在效率评价理念、理论与评价方法的重要实践指导价值。在第七章中，将对前文所做的研究进行系统性的梳理和总结，并对研究过程中存在的不足和有待完善之处进行详细的阐述。

结论与展望

一 结论

面向创新团队管理效率评价在评价理念、评价理论与评价方法方面存在的创新需求,科学、全面、创新性地分析和解构创新团队管理运行的效率和质量,本书为团队微观管理过程中涌现的效率评价提供一套系统性、针对性的研究思路和框架,主要形成了以下四个方面的结论。

第一,考虑到团队能力对应对层式型创新团队角色倾向、技能匹配、任务协作三方面特征的结构化梳理具有重要意义,结合效率评价的研究进展,将层式结构分为角色结构、技能结构、任务结构三个维度,梳理给出三维度的解析要点并进行系统分析。其中,角色结构中存在角色的缺失、模糊、冲突、错位,技能结构中存在技能的认知、互补、异质、配置,任务结构中存在任务的独立、串联、并联、混合。基于这种理解,将层式型创新团队的结构效率分为角色结构效率、技能结构效率、任务结构效率,并结合团队的生命周期给出三种结构的效率关联特征。该关联特征即:角色结构效率中包含角色的认可、交互与转换,技能结构效率中包含技能的需求、适应与转化,任务结构效率中包含任务的数量、属性与匹配。基于以上结构效率评价内涵及评价特征,构建出了能够有效辨析复杂网络结构关系和反映约束偏好的 DEMATEL 方法和 DEA/AR 方法结合的结构效率综合评价模型。

第二,考虑到工作组型创新团队的灵活性强、机动性高、整体意识清晰的三方面关系特征,探索性引入组织公民视角的泛化关联行为效应分析策略，提炼给出三个关系效率解析维度即公民组织行为管理有效性、协作沟通有效性与资源处置有效性。在此基础上，针对灵活性强、机动性高、整体意识清晰的三评价维度特征，创新性提出三种类型的关系效率即交叉关系效率、汇聚关系效率、平行关系效率，给出三种效率内涵在螺旋任务、串联任务、并联任务相情景下的管理启示。综合该分析进展，辨析公民组织管理、沟通协作、资源处置分别对关系效率要素的影响，构建出能够有效应对复杂情境下要素关联辨别与影响幅度测定的 ANP - DEA 关系效率综合评价模型。

第三，考虑到网络型创新团队效率的动态过程性，引入能够对动态不确定性、未来性和复杂性系统解析的资源观视角，形成了针对网络型创新团队灵活适应强、不确定性高和边界模糊的三维度解析框架，即资源融合、团队发展与信任演变三个层面。以组建期创新团队融合效率为例，阐述在三维度的交互影响下融合效率的螺旋动态变化性，在此基础上通过对三维度在竞争优势、动态能力、协同创新三方面的耦合关系分析，创造性地提出融合效率的三种效率内涵即放大型融合效率、稳定型融合效率和消减型融合效率。基于上述探索，构建了能够整合多元决策偏好对远期效率进行预期的 MAGDM - DEA 预期效率综合评价模型。

第四，选取来自该公司的 11 个创新团队，结合前文对三种类型创新团队的研究选出九个评价要素，应用能够有效应对复杂情景下多维效率内涵提取、转换与融合需求的 ANP - DEA 合评价模型对案例进行评价，并在对案例结果进行针对性分析的基础上，提出不同类型创新团队分别提高创新团队微观管理效率和构建团队和谐管理机制的完善对策。

二 展望

碍于创新团队管理效率评价的复杂性，加之研究精力和研究篇幅的限制，本书在研究方法、研究理论、研究思路等方面仍然存在着一些不足，也是后续研究应该主要考虑和完善的内容。

1. 效率内涵的界定范式有待扩展和完善

本书主要研究的是创新团队的效率评价，分别从三种团队类型的三种效率逐次展开分析，由于篇幅有限缺少了对综合效率的测度研究。由于团队管理情境的复杂多变，不同的研究视角将对不同种类效率的内涵、特征和影响因素产生质的影响，因此本书在结构效率、关系效率和融合效率的概念内涵界定方面还存在有待完善之处。同时，对于不同类型效率解析维度的选取还可以进行深度挖掘和补充。例如：陈刚、谢科范、郭伟（2010）通过研究发现团队的角色结构、技能结构、权利结构和知识结构对团队效率有显著影响。同时创新团队内部或创新团队间存在跨文化管理和交流以及中国的团队主要是家长制管理的现象，也是本书研究欠考虑的地方，都是本书后续重点研究的问题。

2. 三种团队类型的动态评价模型有待完善

第三章和第四章分别是对结构效率和关系效率的静态评价，本书考虑到了动态效率的存在即第五章中对融合效率的评价。由于迄今学术界对复杂系统和复杂性科学的认识和研究仍然很不成熟，而微观管理效率是一个界面数量多、种类多样、作用关联复杂的系统，因此本书在三类团队动态管理效率评价方面仅面向网络型团队做了初步尝试。事实上，管理效率评价过程中有很多难以被量化的指标，比如角色结构、关系经验和团队互动等，而动态情境下，效率呈现方式又常是螺旋复杂的动态趋势，因此与之相应的效率评价要素也呈现出多样化的演变趋势，而这就增加了效率评价时不同解析维度间作用关联的复杂性。鉴于此，针对效率的动态连续评价是本书后续重点研究的问题。

3. 效率评价模型构建的系统性有待加强

本书采用了 DEMATEL 方法、ANP 方法、多属性群决策方法和 DEA 方法的结合实现了结构效率、关系效率和融合效率的创新性评价，但是本书的方法组合应用创新更多集中于满足效率内涵解析诉求方面，面向数据包络分析方法本身的系统性改进仍然有限。可能存在的改进点为：第三章中由于决策者有限理性、结构效率要素作用关联复杂以及决策情境的不确定性使得决策者在决策时对于影响因素间的复杂关系和影响强度很难做出准确、合理和客观的评价；第四章中在对关系效率复杂影响要素进行两两判定时并没有考虑到不同要素作用关联即评价参照对象的内涵和强度问题，也没有考虑到决策者地位和作用的不同，因此导致 ANP 方法构造的加权矩阵具有不确定性；第五章中多属性群决策方法由于研究问题的复杂性和篇幅有限本书只是应用属性值为实数型的情况，而没有考虑语义值型和区间数型的情形，针对以上评价方法的不足之处是本书后续研究的重点内容。

4. 团队管理效率的评价指标体系有待完善

因管理效率难以量化和测度，本书在效率评价指标体系构建方面采用定性与定量相结合的方法。由于篇幅有限，本书在指标权重的来源、指标的来源和评价方法方面深度不够，缺少实践因素过多的依靠文献，同时主要采用定量研究对本书提出观点和方法进行检验，定性研究不足。此外，由于团队管理情境的复杂多变，不同的研究视角对不同种类的效率内涵、特征和影响因素产生质的变化，因此本书研究难以覆盖所有的研究细节不能对不同效率的作用机制作全面的解释，在第三章提出的三种结构效率内涵、第四章提出的三种关系效率内涵以及第五章提出的融合效率内涵，仅给出了本书情境化分析框架下的内涵阐释，不同团队效率内涵及其评价方法还存在诸多有待完善之处。

5. 案例分析的深度与广度有待加强

由于现实条件、研究精力和研究篇幅存在局限，本书仅选取了某烟草公司内的 11 个创新团队进行研究，导致案例在研究的广泛性、精确性和代表性方面存在不足。同时，受制于现有考评机制的影响，大量定性指标数据获取的准确性可能存在不足，因此通过本书调研数据得到的效率评价结果与真实情况可能存在偏差。同时，也由于本书研究的是不同类型创新团队不同种类的效率评价，在篇幅有限的条件下仅选用 ANP – DEA 方法对案例进行尝试性评价，造成案例分析的深度不够，可能对多团队间的横向效率比较造成一定干扰。

参考文献

中文文献

鲍必赛、伍健荣、楼晓俊等，2012，《基于二维特征矩阵的特征融合算法》，《浙江大学学报》（工学版）第 11 期。

曾艳，2013，《我国高校行政管理效率评价研究》，硕士学位论文，吉林大学。

陈春花，2004，《科研团队运作管理》，科学出版社。

陈国权，2007，《团队学习和学习型团队：概念、能力模型、测量及对团队绩效的影响》，《管理学报》第 5 期。

陈可嘉、于先康，2012，《基于 ANP 权重确定的 AHP – DEA 模型及其在逆向物流服务供应商选择中的应用》，《数学的实践与认识》第 21 期。

陈丝璐、张安富，2016，《高校科研团队创新型人才培养之管见》，《科学管理研究》第 1 期。

崔强、武春友、匡海波，2013，《BP – DEMATEL 在空港竞争力影响因素识别中的应用》，《系统工程理论与实践》第 6 期。

单巍，2013，《科技创新团队管理模式研究》，硕士学位论文，中国地质大学。

丁重、邓可斌，2010，《政治关系与管理效率：基于公司特质信息的研究》，《财经研究》第 10 期。

董保宝、葛宝山，2012，《新创企业资源整合过程与动态能力关系研究》，《科研管理》第 2 期。

董保宝、葛宝山、王侃，2011，《资源整合过程、动态能力与竞争优势：机理与路径》，《管理世界》第 3 期。

杜娟，2010，《基于 DEA 理论的排序研究以及两阶段网络结构效率研究》，博士学位论文，中国科学技术大学。

段万春、曹勤伟、杜凤娇等，2016，《外智引联型创新团队研究述评与发展动态分析》，《科技进步与对策》第 10 期。

樊维、王新红、冯套柱，2011，《三大研发主体 R&D 投资结构效率比较分析》，《西安科技大学学报》第 2 期。

樊治平、索玮岚，2008，《协同知识创新中的协同关系风险因素识别方法》，《系统管理学报》第 1 期。

冯博、樊治平，2012，《基于协同效应的知识创新团队伙伴选择方法》，《管理学报》第 2 期。

冯海燕，2015，《高校科研团队创新能力绩效考核管理研究》，《科研管理》第 36 期。

高虹、王济干，2014，《基于内容分析法的创新团队内涵解析》，《科技管理研究》第 10 期。

高沛然、卢新元，2014，《基于区间数的拓展 DEMATEL 方法及其应用研究》，《运筹与管理》第 1 期。

高中华、赵晨，2014，《服务型领导如何唤醒下属的组织公民行为？－社会认同理论的分析》，《经济管理》第 6 期。

顾烨，2015，《科研资源配置方式与配置效率关系研究》，硕士学位论文，南京师范大学。

郭磊、刘志迎、周志翔等，2011，《基于 DEA 交叉效率模型的区域技术管理效率评价研究》，《科学学与科学技术管理》第 11 期。

〔美〕克里斯·哈里斯，2005，《构建创新团队》，陈兹勇译，经济管理出版社。

韩姣杰、周国华、李延来等，2012，《基于互惠偏好的多主体参与项目团队合作行为》，《系统管理学报》第 1 期。

何炎雯，2012，《医疗物联网数据融合算法的研究》，硕士学位论文，杭州师范大学。

何振炜，2013，《团队冲突对团队效率的影响研究》，硕士学位论文，上海交通大学。

胡琛，2010，《创新型企业的创新团队建设研究》，硕士学位论文，合肥工业大学。

黄琪，2014，《信息不对称与市场效率的关系研究》，博士学位论文，山东大学。

黄宇、李战国、冯爱明等，2013，《高校科研创新团队建设：困境与突围》，《高等工程教育研究》第 2 期。

黄宗盛、胡培、聂佳佳等，2012，《基于离差最大化的交叉效率评价方法》，《运筹与管理》第 6 期。

霍妍、蒋开东、徐一萍等，2016，《科技创新团队协同创新绩效评价》，《中国科技论坛》第 1 期。

贾佳、潘云涛、马峥等，2016，《基于文献计量的科研团队创新能力评价要素研究》，《科技管理研究》第 10 期。

姜滨滨、匡海波，2015，《基于"效率－产出"的企业创新绩效评价——文献评述与概念框架》，《科研管理》第 3 期。

蒋天颖、白志欣，2012，《基于偏好 DEA 模型的企业知识管理效率评价研究》，《情报杂志》第 1 期。

晋琳琳、陈宇、奚菁等，2016，《家长式领导对科研团队创新绩效影响：一项跨层次研究》，《科研管理》第 7 期。

卡岑巴赫，1999，《团队的智慧》，侯玲译，经济科学出版社。

孔春梅、王文晶，2016，《科技创新团队的绩效评估体系构建》，《科研管理》增刊第 1 期。

黎耀奇、谢礼珊，2013，《社会网络分析在组织管理研究中的应用与展望》，《管理学报》第 1 期。

李宝玉、黄章树、陈翠萍，2016，《福建省制造企业信息化与工业化融合效率研究及实证》，《情报科学》第 7 期。

李春好、陈维峰、苏航等，2013，《尖锥网络分析法》，《管理科学学报》第 10 期。

李春好、杜元伟，2011，《重大科技项目合作界面网络的整合优化方法》，《科研管理》第 10 期。

李春好、苏航、佟轶杰等，2015，《基于理想决策单元参照求解策略的 DEA 交叉效率评价模型》，《中国管理科学》第 2 期。

李春好、孙永河，2008，《ANP 内部循环依存递阶系统的方案排序新方法》，《管理科学学报》第 6 期。

李磊、李明月、吴春林等，2012，《考虑环境因素的三阶段半参数效率评价模型与实证研究》，《中国管理科学》第 2 期。

李琳、黄海军、汪寿阳等，2016，《基于 DEA/AR 博弈交叉效率方法的学术期刊评价研究》，《管理科学学报》第 4 期。

李南、邓丹、田慧敏等，2009，《团队中枢节点的效率模型》，《数学的实践与认识》第 3 期。

李长征，2015，《基于 DEA 方法的创新型湖南建设中的科技与金融的融合效率的评价》，《现代国企研究》第 14 期。

梁建、刘兆鹏，2016，《团队建言结构：概念、前因及其对团队创新的影响》，《中国人力资源开发》第 5 期。

林声洙、杨百寅，2014，《中韩家长式领导与组织支持感及组织公民行为之间关系的比较研究》，《管理世界》第 3 期。

刘朝、张欢、王赛君等，2014，《领导风格、情绪劳动与组织公民行为的关系研究 – 基于服务型企业的调查数据》，《中国软科学》第 3 期。

刘春艳、王伟，2016，《基于耗散结构理论的产学研协同创新团队知识转移模型与机理研究》，《情报科学》第 3 期。

刘恩初、李健英，2014，《技术标准与技术管理效率关系实证研究 – 基于随机前沿模型》，《研究与发展管理》第 4 期。

刘雷、杜秀红、时现等，2013，《基于 ANP 的独立审计项目选择的风险评价》，《科研管理》第 2 期。

刘敏、刘汕，2015，《我国高技术产业知识管理效率的测度分析》，《科技管理研究》第 23 期。

刘双，2015，《基于 DEA 模型的中国商业银行管理效率研究》，硕士学位论文，北京交通大学。

刘小禹、刘军，2012，《团队情绪氛围对团队创新绩效的影响机制》，《心理学报》第 44 期。

刘颖、张正堂、王亚蓓，2012，《团队薪酬分配过程、任务互依性对成员合作影响的实验研究》，《经济科学》第 5 期。

刘泽鑫，2013，《高校科技创新团队合作模式选择方法研究》，硕士学位论文，昆明理工大学。

刘志春、陈向东，2015，《科技园区创新生态系统与管理效率关系研究》，《科研管理》第 2 期。

柳洲，2012，《"M－C－K"群体行动者网络模型与跨学科创新团队知识生产机制》，《科学学与科学技术管理》第 33 期。

罗瑾琏、徐振亭、钟竞等，2016，《个体创造力的跨层次影响因素：个体目标取向与团队自省》，《科技进步与对策》第 4 期。

骆嘉琪、匡海波，2015，《高校科技创新团队科研资源绩效评价指标体系》，《科研管理》增刊第 1 期。

马春爱、韩新华，2014，《基于不同生命周期的财务弹性与投资效率关系》，《系统工程》第 9 期。

马庆功，2015，《基于前景理论的犹豫模糊多属性群决策方法》，《计算机工程与应用》第 24 期。

马一博，2010，《经管类研究生创新能力评价研究》，硕士学位论文，哈尔滨工程大学。

倪渊，2016，《基于滞后非径向超效率 DEA 的高校科研效率评价研究》，《管理评论》第 11 期。

彭勃、叶春明，2015，《基于不确定纯语言混合调和平均算子的多属性群决策方法》，《中国管理科学》第 2 期。

彭佑元、王婷，2016，《基于网络 DEA 的科技创新型企业投资效率评价分析》，《工业技术经济》第 1 期。

彭增圆，2016，《多团队互依性、协作过程和有效性关系的实证研究》，硕士学位论文，浙江工商大学。

戚筱雯、梁昌勇、黄永青等，2013，《基于混合型评价矩阵的多属性群决策方法》，《系统工程理论与实践》第 2 期。

齐昕、刘洪、林彦梅 2016，《员工远程工作意愿形成机制及其干预研究》，《华东经济管理》第 10 期。

齐旭高、齐二石、周斌等，2013，《组织结构特征对产品创新团队绩效的跨层次影响——基于中国制造企业的实证研究》，《科学学与科学技术管理》第 34 期。

秦开银、杜荣、李燕，2010，《临时团队中知识共享对快速信任与绩效关系的调节作用研究》，《管理学报》第 1 期。

邱楷，2011，《我国地方大学科技创新团队激励机制研究》，博士学位论文，华中科技大学。

瞿英、路亚静、刘紫玉等，2016，《基于 AHP - DEMATEL 法的权重计算方法研究》，《数学的实践与认识》第 7 期。

任静，2016，《基于 EAHP 与 D - S 证据理论的企业管理效率计量方法》，《管理评论》第 10 期。

史丽萍、贾亚男、刘强，2016，《团队目标导向影响因素的探索性研究：基于扎根理论和概念格 - 加权群组 DEMATEL 方法》，《运筹与管理》第 2 期。

寿柯炎、魏江，2015，《网络资源观：组织间关系网络研究的新视角》，《情报杂志》第 9 期。

宋马林、吴杰、曹秀芬等，2013，《环境效率评价方法的统计属性分析及其实例》，《管理科学学报》第 7 期。

隋杨、陈云云、王辉，2012，《创新氛围、创新效能感与团队创新：团队领导的调节作用》，《心理学报》第 2 期。

孙薇、马钦海、于洋等，2013，《基于知识超网络的科技创新团队的组建方法》，《科学学与科学技术管理》第 8 期。

孙永河、段万春、李亚群等，2016，《复杂系统 ANP - BOCR 立体网络结构建构新方法》，《中国管理科学》第 2 期。

孙钰、王坤岩、姚晓东等，2015，《基于 DEA 交叉效率模型的城市公共基础设施经济效益评价》，《中国软科学》第 1 期。

孙正，2014，《基于 DEA 视角的产业结构效率研究 - 以山东为例》，《现代管理科学》第 7 期。

田波、李春好、孙永河，2008，《网络分析法在选择企业创新合作成员中的应用》，《情报科学》第 8 期。

佟露，2015，《研究型大学创新团队激励机制研究》，硕士学位论文，大连理工大学。

汪秀婷、程斌武，2014，《资源整合、协同创新与企业动态能力的耦合机理》，《科研管理》第4期。

王仓、唐新林，2016，《松散耦合视角下的高校组织结构效率研究——以学工系统为例》，《中国成人教育》第20期。

王冠，2010，《试论高校创新型科研团队建设的制度创新》，《教育研究》第6期。

王辉坡、邓立治，2011，《自主创新人才管理效率评价模型研究——以大连船舶重工集团创新团队为例》，《科学学与科学技术管理》第3期。

王嘉蔚、贾延江，2015，《美国约翰·霍普金斯大学创新团队的实践和启示》，《实验技术与管理》第1期。

王嘉蔚、卢赟凯、韦娴婧等，2015，《浅谈高校科技创新团队的建设和管理》，《科技管理研究》第3期。

王莲芬，2001，《网络分析法（ANP）的理论与算法》，《系统工程理论与实践》第3期。

王维国、刘丰，2016，《考虑环境变量的网络DEA模型》，《统计研究》第9期。

王熹，2011，《网络组织成员间关系互动与网络组织运行效率的关系研究》，博士学位论文，天津大学。

王晓红、金子祺、姜华等，2014，《创新团队成员知识创新行为的系统动力学研究》，《研究与发展管理》第2期。

王晓红、张宝生、陈浩等，2011，《虚拟科技创新团队成员选择决策研究——基于多级可拓综合评价》《科研管理》第3期。

王兴元、姬志恒，2013，《跨学科创新团队知识异质性与绩效关系研究》，《科研管理》第3期。

魏海莹，2011，《中小企业组织结构与管理效率研究》，硕士学位论文，中国海洋大学。

吴林海、张秋琴、山丽杰等，2012，《影响企业食品添加剂使用行为关键因素的识别研究：基于模糊集理论的DEMATEL方法》，《系统工程》

第 7 期。

夏琼、杨锋、梁樑等，2012，《两阶段混联生产系统的 DEA 效率评价模型》，《系统管理学报》第 1 期。

谢晖，2015，《基于界面管理的创新团队复杂系统运行机制研究》，博士学位论文，昆明理工大学。

谢建辉，2016，《基于 DEA 和 StoNED 的两阶段网络结构效率分析研究》，博士学位论文，中国科学技术大学。

徐迎军、李东，2010，《多属性群决策达成一致方法研究》，《控制与决策》第 12 期。

许成磊，2014，《基于界面管理的创新团队和谐管理机制评价及应用研究》，博士学位论文，昆明理工大学。

许成磊、段万春，2015，《混合非结构 MAGDM 的决策导向一致性检验方法》，《计算机工程与应用》第 23 期。

许成磊、段万春，2015，《基于和谐主题漂移的团队社会资本整合优化》，《科研管理》第 10 期。

许成磊、段万春、孙永河等，2014，《创新团队和谐管理机制的主题辨析优化》，《管理学报》第 3 期。

许永平、朱延广、杨峰等，2010，《基于 ANP 和模糊积分的多准则决策方法及其应用》，《系统工程理论与实践》第 6 期。

许治、陈丽玉、王思卉，2015，《高校科研团队合作程度影响因素研究》，《科研管理》第 5 期。

严素梅、陈荣、吉久明等，2016，《团队创新能力评价的多维复合模型》，《情报学报》第 10 期。

杨丹、刘自敏、徐旭初，2015，《环境异质性、合作社交叉效率与合作关系识别》，《农业技术经济》第 3 期。

杨飞虎、伍琴，2014，《我国公共投资区域结构效率探析》，《经济问题探索》第 7 期。

杨锋、夏琼、梁樑等，2011，《同时考虑决策单元竞争与合作关系的 DEA 交叉效率评价方法》，《系统工程理论与实践》第 1 期。

杨善林、周开乐、张强等，2016，《互联网的资源观》，《管理科学学报》第 1 期。

杨相玉、孙效敏，2016，《知识共享多层次化对团队创新力相关性研究》，《科学管理研究》第 5 期。

尹洁、施琴芬、李锋等，2016，《高校科研创新团队知识共享绩效影响因素实证研究——以江苏省高校协同创新中心为例》，《中国科技论坛》第 9 期。

余顺坤、周黎莎、李晨，2013，《ANP - Fuzzy 方法在电力企业绩效考核中的应用研究》，《中国管理科学》第 1 期。

余玉龙，2011，《地方高校科研创新团队建设的困境、误区及其出路》，《科技管理研究》第 6 期。

袁庆宏、张华磊、王震等，2015，《研发团队跨界活动对团队创新绩效的"双刃剑"效应——团队反思的中介作用和授权领导的调节作用》，《南开管理评论》第 18 期。

张宝生、王晓红、陈浩等，2011，《虚拟科技创新团队科研合作效率的实证研究》，《科学学研究》第 7 期。

张宝祥，2013《天津市城市管理效率研究》，硕士学位论文，天津大学。

张冰，2015，《科层困境与国家建设的中国出路——以延安时期党的一元化领导体制为中心》，《广东社会科学》第一期。

张红珍，2013，《高校学术创新团队的培育与保障机制研究》，硕士学位论文，长安大学。

张静娴、周文、陈伟等，2016，《关联网络 DEA 在多层次指标体系中的应用研究》，《运筹与管理》第 4 期。

张良、吴涛，2011，《高能激励下的团队管理困境及其化解》，《科学管理研究》第 4 期。

张萍，2014，《房地产企业营运资金管理效率研究》，硕士学位论文，西安建筑科技大学。

张启平、刘业政、姜元春等，2014，《决策单元交叉效率的自适应群评价方法》，《中国管理科学》第 11 期。

张小晖，2012，《创新团队知识学习机理研究》，《科学学研究》第 6 期。

张小晖，2012，《企业创新团队知识学习机理与模式研究》，博士学位论文，武汉理工大学。

张晓亮，2013，《我国创新团队建设现状与发展对策研究》，硕士学位论文，天津医科大学。

张忻、王克勤、韩争胜，2015，《产学研协同创新中的知识融合影响因素研究》，《西北工业大学学报：社会科学版》第 3 期。

张忻、詹浩、韩争胜等，2016，《高校创新团队持续创新能力形成机理》，《科技进步与对策》第 3 期。

张轶龙、崔强，2013，《中国工业化与信息化融合评价研究》，《科研管理》第 4 期。

张玉柯、胡继成，2016，《京津冀协同视域下金融发展与技术创新的融合效率》，《河北大学学报：哲学社会科学版》第 6 期。

张子源、赵曙明、周路路等，2014，《内隐协调对团队创造力的影响研究 – 任务特征的调节作用》，《科学学与科学技术管理》第 1 期。

赵丽梅、张庆普，2013，《高校科研创新团队成员知识创新的激励机制研究》，《科学学与科学技术管理》第 34 期。

赵萌，2012，《中国制造业生产效率评价：基于并联决策单元的动态 DEA 方法》，《系统工程理论与实践》第 6 期。

赵西萍、杨扬、辛欣，2008，《团队能力、组织信任与团队绩效的关系研究》，《科学学与科学技术管理》第 3 期。

赵增耀、章小波、沈能等，2015，《区域协同管理效率的多维溢出效应》，《中国工业经济》第 1 期。

郑小勇、魏江，2016，《商业集团从属企业双重资源获取与成长绩效的关联机理——基于资源观的结构性观点和跨层次研究》，《技术经济》第 3 期。

钟柏昌、李艺，2013，《社会网络分析在教育研究领域的应用—基于教育类核心期刊刊文的评述》，《教育研究》第 9 期。

钟红飞，2013，《物流企业管理效率评价研究》，硕士学位论文，湖南大学。

钟娜，2011，《基于网络 DEA 的产业结构效率评价》，硕士学位论文，中国科学技术大学。

周瑞超，2012，《科技创新团队带头人的必备素质及其培养训练》，《广西大学学报（哲学社会科学版）》第 32 期。

周延年、朱怡安，2012，《基于灰色系统理论的多属性群决策专家权重的调整算法》，《控制与决策》第 7 期。

朱培逸，2013，《不确定信息的融合方法及其应用研究》，博士学位论文，江南大学。

邹竹彪、官建成，2007，《串联结构下项目有效达到率的最优求解》，《系统管理学报》第 5 期。

外文文献

Aleskerov, F., H. Ersel and R. Yolalan. 2003. "Personnel Allocation among Bank Branches Using a Two – stage Multi – criterial Approach." *European Journal of Operational Research* 1：116 – 125.

Altunbas, Y., S. Carbo and E. P. M. Gardener et al. 2007. "Examining the Relationships between Capital, Risk and Efficiency in European Banking." *European Financial Management* 1：49 – 70.

Amundsen, S., and L. Martinsen. 2014. "Empowering Leadership：Construct Clarification, Conceptualization, and Validation of a New Scale." *Leadership Quarterly.* 3：487 – 511.

Andjelic, G. B., V. Ivanic, and V. D. Djakovic. 2012. "The Impact of the EU Accession Process to the Organizational Culture of the Companies Operating in the Transition Countries." *Zbornik Radova Ekonomskog Fakulteta U Rijeci Časopis Za Ekonomsku Teoriju I Praksu* 2：295 – 319.

Bate, J. D., 2010. "How to Explore for Innovation on Your Organization's Strategic Frontier." *Strategy & Leadership* 1：32 – 36.

Browning, T. R. 2001. "Applying the Design Structure Matrix to System Decomposition and Integration Problems：A Review and New Directions." *IEEE Transactions on Engineering Management* 3：292 – 306.

Brueller, D. and A. Carmeli. 2011. "Linking Capacities of High – quality

Relationships to Team Learning and Performance in Service Organizations. " *Human Resource Management* 4: 455 – 477.

Bunderson, J. S. 2003. "Team Member Functional Background and Involvement in Management Teams: Direct Effects and the Moderating Role of Power Centralization. " *Academy of Management Journal* 4: 458 – 474.

Bushman, R. M., Z. Dai and W. Zhang. 2015. "Management Team Incentive Dispersion and Firm Performance. " *Accounting Review* 6: 78 – 92.

Carson, J. B. and J. A. Marrone. 2007. "Shared Leadership in Teams: An Investigation of Antecedent Conditions and Performance. " *Academy of Management Journal* 5: 1217 – 1234.

Charnes, A., W. W. Cooper, and E. Rhodes. 1978. "Measuring the Efficiency of Decision Making Units. " *European Journal of Operational Research* 6: 429 – 444.

Chattopadhyay, P. 2016. *Post – capitalist Society: A Marxian Portrait. Marx's Associated Mode of Production.* US: Palgrave Macmillan

Chen, J. K. and I. S. Chen. 2009. "Using a Novel Conjunctive MCDM Approach Based on DEMATEL, Fuzzy ANP, and TOPSIS as an Innovation Support System for Taiwanese Higher Education. " *Expert System with Applications* 3: 1981 – 1990.

Cook, W. D., J. Zhu, and G. Bi et al. 2010. "Network DEA: Additive Efficiency Decomposition. " *European Journal of Operational Research* 2: 1122 – 1129.

Cook, W. D. and L. M. Seiford. 2009. "Data Envelopment Analysis (DEA) – Thirty Years On. " *European Journal of Operational Research* 1: 1 – 17.

Cooper, W. W., K. Tone and L. M. Seiford. 2007. "Data Envelopment Analysis: A Comprehensive Text with Models, Applications, References and DEA – solver Software. " *Journal of the Operational Research Society* 14: 145 – 156.

Cooper, W. W., L. M. Seiford, and K. Tone. 2010. "Data Envelopment Analysis. " *Stata Journal* 2: 267 – 280.

Despotis, D. K. 2005. "Measuring Human Development via Data Envelopment Analysis: The Case of Asia and the Pacific. " *Omega* 5: 385 – 390.

Devine, D. J., and J. L. Philips. 2001. "Do Smarter Teams Do Better: A Meta – analysis of Cognitive Ability and Team Performance. " *Small Group Re-*

search 5: 507 – 532.

Dineen, B. R. , and C. Wiethoff. 2007. "Level and Dispersion of Satisfaction in Teams: Using Foci and Social Context to Explain the Satisfaction – Absenteeism Relationship. " *Academy of Management Journal.* 3: 623 – 643.

Donavan, D. T. , T. J. Brown and J. C. Mowen. 2013. "Internal Benefits of Service – Worker Customer Orientation: Job Satisfaction, Commitment, and Organizational Citizenship Behaviors. " *Journal of Marketing* 1: 128 – 146.

Drachzahavy, A. , and A. Somech. 2001. "Understanding Team Innovation: The Role of Team Processes and Structures. " *Group Dynamics Theory Research & Practice* 2: 111 – 123.

Färe, R. , and S. Grosskopf. 2000. "Network DEA. " *Socio – economic Planning Sciences* 1: 35 – 49.

Forero, M. D. P. B. , T. Kuroda and T. Ida. 2010. "Cultural Determinants of Countries Management Efficiency: A Random Coefficients Stochastic Frontier Approach. " *Discussion Papers.*

Freeman, L. C. 2004. "The Development of Social Network Analysis: A Study in the Sociology of Science. " *Empirical Press* 148 – 151.

Fried, H. O. , C. A. K. Lovell and S. S. Schmidt. 2002. "Accounting for Environmental Effects and Statistical Noise in Data Envelopment Analysis. " *Journal of Productivity Analysis* 1: 157 – 174.

Fujimoto, M. 2016. "Team Roles and Hierarchic System in Group Discussion. " *Group Decision & Negotiation* 25: 585 – 608.

Gläser, J. 2014. "Where to Go for a Change: The Impact of Authority Structures in Universities and Public Research Institutes on Changes of Research Practices. " *Research in the Sociology of Organizations* 42: 297 – 329.

Griffiths, N. 2006. "Enhancing Peer – to – Peer Collaboration Using Trust. " *Expert Systems with Applications* 4: 849 – 858.

Gui – Wu, Xu. 2011. "Scientific Research Innovation Team Incentive Policies. " *Research in Teaching* 6: 111 – 122.

Hakyeon, Lee, Changyong Lee and Hyeonju Seol et al. 2011. "On the

R&D Priority Setting in Technology Foresight: A DEA and ANP Approach. " *International Journal of Innovation & Technology Management* 2: 1015 – 1019.

Helfat, C. E. , and M. A. Peteraf. 2003. "The Dynamic Resource – Based View: Capability Lifecycles. " *Strategic Management Journal* 10: 997 – 1010.

Hellstrom, T., M. Jacob and U. Malmquist. 2002. "Guiding Innovation Socially and Cognitively: The Innovation Team Model at Skanova Networks. " *European Journal of Innovation Management* 3: 172 – 180.

Herra – Viedma, E., L. Martinez and F. Mata et al. 2005. "A Consensus Support Systems Model for Group Decision Making Problems with Multigranular Linguistic Preference Relations. " *IEEE Trans on Fuzzy Systems* 5: 644 – 658.

Hoegl, M. ,and H. G. Gemuenden. 2001. "Teamwork Quality and the Success of Innovative Projects: A theoretical concept and empirical evidence. " *Organization Science* 4: 435 – 449.

Hoegl, M. , and L. Proserpio. 2004. "Team Member Proximity and Teamwork in Innovative Projects. " *Research Policy* 8: 1153 – 1165.

Hori, S., Y. Shimizu and I. Takami et al. 2001. "Human Interface Design and Evaluation Method with Structural Analysis Method for Supervisory Control Systems. " *Human Interface* 4: 117 – 125.

Hu, L. , and A. E. Randel. 2014. "Knowledge Sharing in Teams: Social Capital, Extrinsic Incentives, and Team Innovation. " *Group & Organization Management* 2: 213 – 243.

Jogaratnam, G. ,and C. Tse. 2006. "Entrepreneurial Orientation and the Structuring of Organizations: Performance Evidence from the Asian Hotel Industry. " *International Journal of Contemporary Hospitality Management* 6: 454 – 468.

Jong, B. A. D. , and T. Elfring. 2010. "How does Trust Affect the Performance of Ongoing Teams? The Mediating Role of Reflexivity, Monitoring and Effort. " *Academy of Management Journal* 3: 535 – 549.

Kanawattanachai, P. ,and Y. Yoo. 2002. "Dynamic Nature of Trust in Virtual Teams. " *Journal of Strategic Information Systems* 11: 187 – 213.

Katoh, N., A. Shioura and T. Ibaraki. 2013. "Resource Allocation problems. "

Handbook of Combinatorial Optimization 3: 159 – 260.

Knight, D., C. C. Durham and E. A. Locke. 2001. "The Relationship of Team Goals, Incentives, and Efficacy to Strategic Risk, Tactical Implementation, and Performance." *Academy of Management Journal* 2: 326 – 338.

Kratzer, J. 2006. "Managing Creative Team Performance in Virtual Environments." *Journal of technovation* 26: 42 – 49.

Kumar, R. ,and A. Goel. 2006. "Organizational Citizenship Behavior: Its Nature, Antecedents, and Consequences." *Personnel Psychology* 2: 484 – 487.

Lau, P., T. Kwong and K. Chong. et al. 2014. "Developing Students' Teamwork Skills in a Cooperative Learning Project." *International Journal for Lesson & Learning Studies* 1: 80 – 99.

Lauver, K. J., and A. Kristof – Brown. 2001. "Distinguishing between Employees' Perceptions of Person – Job and Person – Organization Fit." *Journal of Vocational Behavior* 3: 454 – 470.

Lee, K., and N. J. Allen. 2002. "Organizational Citizenship Behavior and Workplace Deviance: The Role of Affect and Cognitions." *Journal of Applied Psychology* 1: 131.

Leif, Jarle Gressgard. 2011. "Virtual Team Collaboration and Innovation in Organizations." *Team Performance Management* (1/2): 102 – 119.

Lepine, J. A., A. Erez and D. E. Johnson. 2002. "The Nature and Dimensionality of Organizational Citizenship Behavior: A Critical Review and Meta – analysis." *Journal of Applied Psychology* 1: 52 – 65.

Liang, L., J. Wu and W. D. Cook et al. 2008. "Alternative Secondary Goals in DEA Cross – efficiency Evaluation." *International Journal of Production Economics* 2: 1025 – 1030.

Liang, L., F. Yang and W. D. Cook et al. 2006. "DEA Models for Supply Chain Efficiency Evaluation." *Annals of Operations Research* 1: 35 – 49.

Liden, R. C., B. Erdogan and S. J. Wayne et al. 2006. "Leader – member Exchange, Differentiation, and Task Interdependence: Implications for Individual and Group Performance." *Journal of Organizational Behavior.* 6: 723 – 746.

Liebowitz, J. 2005. "Linking Social Network Analysis with the Analytic Hierarchy Process for Knowledge Mapping in Organizations." *Journal of Knowledge Management* 1: 76 – 86.

Liu, B. 2011. "Social Network Analysis. Web Data Mining." *Springer Berlin Heidelberg* 269 – 309.

Liu, W. B., D. Q. Zhang and W. Meng et al. 2011. "A Study of DEA Models without Explicit Inputs." *Omega* 5: 472 – 480.

Löber, G., and M. Staat. 2010. "Integrating Categorical Variables in Data Envelopment Analysis Models: A Simple Solution Technique." *European Journal of Operational Research* 3: 810 – 818.

Luo, Y., G. Bi and L. Liang. 2012. "Input/output Indicator Selection for DEA Efficiency Evaluation: An Empirical Study of Chinese Commercial Banks." *Expert Systems with Applications* 1: 1118 – 1123.

Martinsuo, M. and P. Lehtonen. 2007. "Role of Single – project Management in Achieving Portfolio Management Efficiency." *International Journal of Project Management* 1: 56 – 65.

Mathisen, G. E., T. Torsheim and S. Einarsen. 2006. "The Team – Level Model of Climate for Innovation: A Two – Level Confirmatory Factor Analysis." *Journal of Occupational & Organizational Psychology* 1: 23 – 35.

Mcadam, R., and J. Mcclelland. 2013. "Individual and Team – Based Idea Generation within Innovation Management: Organisational and Research Agendas." *European Journal of Innovation Management* 2: 86 – 97.

Mitra, R., K. S. Mcneal and H. D. Bondell. 2016. "Pupillary Response to Complex Interdependent Tasks: A Cognitive – load Theory Perspective." *Behav Res Methods* 1 – 15.

Mokhtarian, M. N. 2011. "A Note on "Developing Global Manager's Competencies Using the Fuzzy DEMATEL Method" *Expert Systems with Applications* 7: 9050 – 9051.

Mostafa, M. 2007. "Modeling the Efficiency of GCC Banks: A Data Envelopment Analysis Approach." *International Journal of Productivity & Performance*

Management 7：623 – 643.

Naka，Y. E. 2001. "Establishing of the Decision Support System for Shopping Based on Subjective Evaluation of User Induced by Objective Information." Ph. D diss，Advanced Institute of Science and Technology.

Newbert，S. L. 2008. "Value，Rareness，Competitive Advantage，and Performance：A Conceptual – Level Empirical Investigation of the Resource – Based View of the Firm." *Strategic Management Journal* 7：745 – 768.

Office U S G A. 2014. "Government Efficiency and Effectiveness：Views on the Progress and Plans for Addressing Government – Wide Management Challenges." *Government Accountability Office Reports.*

Olesen，O. B.，and N. C. Petersen. 1995. "Chance Constrained Efficiency Evaluation." *Management Science* 3：442 – 457.

Parreiras，R. O.，P. Y. Ekel and J. S. C. Martini et al. 2010. "A Flexible Consensus Scheme for Multicriteria Group Decision Making under Linguistic Assessments." *Information Sciences* 7：1075 – 1089.

Robert，Dew，and Greg Hearn. 2011. "A New Model of the Learning Process for Innovation Teams：Networked Nominal Pairs." *International Journal of Innovation Management* 4：521 – 535.

Rouyendegh，B. D. and S. Erol. 2010. "The DEA – Fuzzy ANP Department Ranking Model Applied in Iran Amirkabir University." *Acta Polytechnica Hungarica.* 4：103.

Ruiz，J. L.，and I. Sirvent. 2016. "Fuzzy Cross – efficiency Evaluation：A Possibility Approach." *Fuzzy Optimization & Decision Making* 16：1 – 16.

Saaty，T. L. 2001. *Decision Making with Dependence and Feedback：The Analytic Network Process.* Pittsburgh：RWS Publications.

Saaty，T. L. 2005. "Making and Validating Complex Decisions with the AHP/ANP." *Journal of Systems Science & Systems Engineering* 1：1 – 36.

Sally，Caird，Robin Roy，and David Wield. 2012. "Team Approaches to Developing Innovative products and Processes." *International Journal of Innovation Management* 4：234 – 239.

Sharma, J. P. , and N. Bajpai. 2014. "Teamwork: A Key Driver in Organizations and Its Impact on Job Satisfaction of Employees in Indian Public and Private Sector Organizations. " *Personality & Social Psychology Bulletin* 4: 815 – 831.

Sharma, R. , and P. Yetton. 2010. "The Contingent Effects of Management Support and Task Interdependence on Successful Information Systems Implementation. " *MIS Quarterly* 27: 533 – 555.

Sirmon, D. G. , and R. D. Ireland. 2009. "Managing Firm Resources in Dynamic Environments to Create Value: Looking Inside the Black Box. " *Academy of Management Review* 1: 273 – 292.

Spector, P. E. , and S. Fox. 2002. "An Emotion – centered Model of Voluntary Work Behavior: Some Parallels between Counterproductive Work Behavior and Organizational Citizenship Behavior. " *Human Resource Management Review* 2: 269 – 292.

Staat, M. R. , and M. Hammerschmidt. 2005. "Product Performance Evaluation – A Super – efficiency Model. " *International Journal of Business Performance Management* 7: 304 – 319.

Stewart, G. L. , and M. R. Barrick. 2000. "Team Structure and Performance: Assessing the Mediating Role of Intrateam Process and the Moderating Role of Task type. " *Academy of Management Journal* 2: 135 – 148.

Sun, F. 2013. "On Multitask Allocation – based Incentive Mechanism Design for Enterprise Low – carbon R&D Personnel. " *Science & Technology Management Research.* 8: 27 – 39.

Syrjänen, M. J. 2004. "Non – discretionary and Discretionary Factors and Scale in Data Envelopment Analysis. " *European Journal of Operational Research* 1: 20 – 33.

Talke, K. , S. Salomo and K. Rost. 2010. "How Top Management Team Diversity Affects Innovativeness and Performance via the Strategic Choice to Focus on Innovation Fields. " *Research Policy* 7: 907 – 918.

Tambe, M. , and W. Zhang. 2000. "Towards Flexible Teamwork in Persistent Teams：Extended Report.” *Autonomous Agents and Multi - Agent Systems* 2：159 - 183.

Tian，G. S.，J. C. Liu and J. J. Zhou et al. 2013. “Efficiency Evaluation Model of Power Transmission & Transformation Project Investment Based on AHP - Fuzzy Method.” *Advanced Materials Research* 732 - 733：1303 - 1307.

Tone，K. and M. Tsutsui. 2009. “Network DEA：A Slacks - Based Measure Approach.” *European Journal of Operational Research* 1：243 - 252.

Toyota，T.，and Y. Hide. 2003. “The Method of Structure Model and Its Application in Social Problem - Take the Secrete Event of the Atomic Electricity as an Example.” *Memoir of Social Technology Research* 16 - 24.

Tsai，W. H.，and W. C. Chou. 2009. “Selecting Management Systems for Sustainable Development in SMEs：A Novel Hybrid Model Based on DEMATEL，ANP，and ZOGP.” *Expert Systems with Applications* 2：1444 - 1458.

Tubre，T. C.，and J. M. Collins. 2000. “Jackson and Schuler (1985) Revisited：A Meta - analysis of the Relationships between Role Ambiguity，Role Conflict，and Job Performance 1.” *Journal of Management：Official Journal of the Southern Management Association* 1：155 - 169.

Tuckman，B. W.，and M. A. C. Jensen. 1977. “Stages of Small - group Development Revisited.” *Group & Organization Management* 4：419 - 427.

Valentin，E. K. 2015. “Swot Analysis from a Resource - Based View.” *Journal of Marketing Theory & Practice* 2：54 - 69.

Wade，M.，and J. Hulland. 2004. “Review：The Resource - Based View and Information Systems Research：Review，Extension，and Suggestions for Future Research.” *MIS Quarterly* 1：107 - 142.

Wang，Y. M.，R. Greatbanks and J. B. Yang. 2005. “Interval Efficiency Assessment Using Data Envelopment Analysis.” *Fuzzy Sets & Systems* 3：347 - 370.

Watson，W. E.，T. Minzenmayer and M. Bowler. 2006. “Type A Personality Characteristics and the Effect on Individual and Team Academic Performance.” *Journal of Applied Social Psychology* 5：1110 - 1128.

Wright, P. M., B. B. Dunford and S. A. Snell. 2001. "Human Resources and the Resource Based View of the Firm." *Journal of Management* 6: 701 – 721.

Wu, D., C. Luo and L. Liang et al. 2014. "Efficiency Evaluation Model with constraint resource: an application to banking operations." *Journal of the Operational Research Society* 1: 14 – 22.

Wu, J., J. Chu and J. Sun et al. 2015. "DEA Cross – efficiency Evaluation Based on Pareto Improvement." *European Journal of Operational Research* 2: 571 – 579.

Wu, W. W. 2008. "Choosing Knowledge Management Strategies by Using a Combined ANP and DEMATEL approach." *Expert Systems with Applications* 3: 828 – 835.

Yang, G., W. Shen and D. Zhang et al. 2014. "Extended Utility and DEA Models without Explicit Input." *Journal of the Operational Research Society* 65: 1212 – 1220.

Yong – Jian, PU. , and QL. Luo. 2012. "Management Efficiency Analysis of Chinese Trust Industry Based on MC – SFA Model." *Systems Engineering – Theory & Practice* 5: 1039 – 1047.

Yoo, H., J. Park and G. Song. 2009. "An Application of Total Quality Management Efficiency Model in the Korean Distribution Industry." *Asian Journal on Quality* 1: 25 – 36.

Zárraga, C. , and J. Bonache. 2005. "The Impact of Team Atmosphere on Knowledge Outcomes in Self – managed Teams." *Organization Studies* 5: 661 – 681.

Zhang, Y. and C. C. Chen. 2013. "Developmental Leadership and Organizational Citizenship Behavior: Mediating Effects of Self – determination, Supervisor Identification, and Organizational Identification." *Leadership Quarterly* 4: 534 – 543.

zkan, G., I. Gizem. 2012. "A Novel Hybrid MCDM Approach Based on Fuzzy DEMATEL, Fuzzy ANP and Fuzzy TOPSIS to Evaluate Green Suppliers." *Expert Systems with Applications an International Journal* 3: 3000 – 3011.

后 记

为有效解决创新团队管理的效率评价问题，在充分考虑创新团队存在成员关系灵活、集成创新性强以及不确定性程度高等独特属性的基础上，本研究通过对不同类型创新团队进行分类辨析，给出了三种特定效率内涵、研究视角以及相应的评价方法，从整体上提出了一套针对不同类型创新团队差异化效率评价的理论与方法，并通过对云南中烟某公司创新团队进行案例应用验证了所提出方法的可行性。在这一研究过程中，涉及对团队管理、创新管理、组织行为和复杂行为决策等一系列理论及方法的综合集成，研究工作得以顺利进行主要得益于云南省社会科学界联合会及"云南组织行为与复杂行为决策创新团队"的支持，在此一并表示感谢！

首先，衷心感谢本书的各位引文作者。本研究由于广泛涉及创新管理、团队管理和复杂行为决策等多个领域的研究进展，因此在研究过程中大量参考和整合了这些领域的经典成果与最新观点，因为他们的大量前期研究工作，本书才得以顺利完成。

其次，感谢"云南组织行为与复杂行为决策创新团队"诸位老师和云南中烟诸位领导的鼎力支持。感谢孙永河教授、许成磊副教授、缪彬副教授，他们在复杂行为决策方法、团队管理前沿问题和信息融合理论方面积极建言献策，为本研究提供了设计理念、工具方法及行文规范等方面诸多的建设性意见，让本研究的系统性和创新性得到了有效保障，相应观点也在团队负责的后续课题中得到参考和借鉴，取得了更为积极和深远的学术价值与社会影响。感谢云南中烟顾波副总经理、赵勇副巡视员以及其他无法一一在此感谢的业界朋友们，他们在研究前期实地调研、案例分析以及后期相关课题论证过程中给予的客观、真诚和持续性的支持，为本研究聚焦实践问题、实现数据驱动和提炼潜在贡献提供了坚实的保障。

再次，感谢王玉华、程思路、王鼎等硕士研究生对研究工作的支持。由于研究工作伴随着大量多学科分散文献、案例资源的整理分析，他们的协助为大量文字、图表和基础数据的统筹编辑与处理工作提供了有力支撑，同时研究过程中他们参与的讨论也为本研究提供了很多发散的、有趣的观点。

最后，感谢云南省社会科学界联合会对本书出版的资助。本书作为省社科联资助创新团队"云南组织行为与复杂行为决策创新团队"的重要研究成果，在经过申报、专家评审等流程之后，很荣幸地成为 2018 年度"云南省哲学社会科学创新团队成果文库"的资助成果之一。我们将珍惜这份荣誉，一如既往地聚焦云南经济社会发展的重要问题，形成更多具有积极社会经济影响的高水平研究成果！

图书在版编目(CIP)数据

创新团队管理效率评价研究／段万春，孙新乐著
. -- 北京：社会科学文献出版社，2019.6
（云南省哲学社会科学创新团队成果文库）
ISBN 978 - 7 - 5201 - 4696 - 8

Ⅰ.①创… Ⅱ.①段… ②孙… Ⅲ.①企业管理 - 组
织管理学 - 研究 Ⅳ.①F272.9

中国版本图书馆 CIP 数据核字（2019）第 066853 号

·云南省哲学社会科学创新团队成果文库·
创新团队管理效率评价研究

著　　者／段万春　孙新乐

出 版 人／谢寿光
责任编辑／孙以年　袁卫华

出　　版／社会科学文献出版社·人文分社（010）59367215
　　　　　地址：北京市北三环中路甲 29 号院华龙大厦　邮编：100029
　　　　　网址：www.ssap.com.cn
发　　行／市场营销中心（010）59367081　59367083
印　　装／三河市东方印刷有限公司

规　　格／开　本：787mm × 1092mm　1/16
　　　　　印　张：11.75　字　数：182 千字
版　　次／2019 年 6 月第 1 版　2019 年 6 月第 1 次印刷
书　　号／ISBN 978 - 7 - 5201 - 4696 - 8
定　　价／118.00 元